人間磁気力《マグネティック・フィールド》の使い手になる!

新装版

引き寄せの法則 実効篇

ウィリアム・W・アトキンソン
William W. Atkinson

林 陽＝訳

ヒカルランド

序文
ゼロからの成功を可能にする秘密の教え《ザ・シークレット》

林陽

本書は"Thought-Force in Business and Everyday Life" William W. Atkinson（Advanced Thought Publishing, Chicago）の邦訳です。

『引き寄せの法則　奥義篇』の応用篇に相当するもので、各章に多くのエクササイズを盛り込みながら、念の引き寄せる力を、実生活、特にビジネス世界に応用する方法を説いています。いわば、一番身近で金銭面に効果が表れる仕事を試験場とする自己改革の方法を示すものです。

著者のウィリアム・ウォーカー・アトキンソンは、映画『ザ・シークレット』製作のインスピレーションになった二十世紀の法律家であり、引き寄せの法則の開祖です。一八六二年にアメリカに生まれ、二十歳で法律家になりましたが、仕事の過労から心身の健康を崩し、一時は社会的地位も財産もすべて失いました。しかし、ニューソートとヨーガ哲学の原則を使ってゼロから立ち上がり、三十歳で州裁判所の弁護士、ニューソートの若き指導者として大成しました。その貴重な経験を踏まえて、ゼロからでも成功できる道を説いているところが彼の魅力です。

アトキンソンの思想は百年以上時代を先取りしています。その思想が一般化するには次の世紀を待たなければならないかもしれません。思想の中心はまさに「ソート」(念)。ニューソートの「ソート」は、思想というより、「念」を意味するというべきでしょう。「思いは物質」という名文句が何よりそれを物語っています。

念は物質であり力であるとアトキンソンは言います。それは念よりも高い次元からものを見られる人のみが言える言葉です。そのような目からは、念は粒子とも波動とも見えるのかもしれません。

念が人間に利用できる基本資源であるという前提に立つならば、私たちは光や音や電気、磁気を利用するように、この人間特有のエネルギーを利用して、光や電気にもかなわないことを実現するようになるでしょう。アトキンソン自身、念の力だけで多くの病を癒し、それを著書にしていますし、何よりも時代を超えて無数の人に影響を与える精神的財産を築く原動力としました。

二十一世紀以降の地球はこの念の力を解明し（それが科学と宗教の接点になると思われます）、日常生活に広く実用化することが、人類に欠かせない選択になると予測されます。

念が人間活動の基本エネルギーであるとすれば、そこに働く法則を知る必要が出てきます。病める世界をいかに癒し、文明を存続させ、人類進化のために振り向けるかを、私たちは真剣に考えなければなりません。その基本を教えてくれるのがアトキンソンです。

「念の引き寄せる性質」は地球を超えて働きます。人類が高いレベルに念を保つようにすれば、高いレベルの知的世界に同調して、科学的発見や思想のひらめきを引き出し、惑星の未来を変えることも夢ではありません。これは個人生活をよくする上でも、人類社会を守る上でも欠かせないことでしょう。

本書には、「我在り」（I AM）という言葉が随所に登場します。それは釈迦の「唯我独尊」の「唯我」に当たる英語で、それを「宇宙の意志」あるいは「真我」とも著者は呼んでいます。真我は日本で古くから言われる「神」と同義です。著者はそれを意識することに成功の秘密があると一貫して説いていますが、知恵と力の源として、一人一人に最もふさわしい成功の道を開いてくれるからではないかと思われます。

私たちはこの宇宙の意志との接続により、お金を運用管理する知恵が与えられるだけではなく、私的利益を超越して、世界の問題を解決するために自己を役立てる道も開かれます。ビル・ゲイツが巨億の富を貧困解決のために役立てると最近言ったことが思い出されます。

そうすれば、必要なものは自動的に供給されるようになります。自己に大きな力が加わり、災難は力試し（テスト）に変わって、それを克服すれば（克服できない試練は与えられません）、ますます力を強め、積極的に目的完遂に向かって突き進むようになります。環境は変化し、新鮮な発想が次々に生まれ、そのすべてが人生を切り開く行動の原動力になります。

そのような人は自分を制限して苦しむことがなくなり、自己は拡大し、人生の尺度は一変して、何事も広く大きな目で考えるようになります。さらに、言ったことが早期に実現するようになり、運命を変える言霊の力が発現してくるように思われます。

人生は難関を突破するたびに力をつける冒険旅行になり、毎日が新しい期待感に満ちてきます。お金はもはや束縛ではなくなり、マニフェステーションの道具になり、打ち出の小槌《こづち》の力さえ感じられてきます。

精神的には宗教の殻を脱して、日々にひらめく真理が生きる指導書になり、精神的自由を味わって、カモメのように自由に人生を飛べるようになります。当然のことながら、人の縁も広がり、成長にかなった人脈に結ばれます。

このように宇宙の流れに乗る人は、いかなる心の制限もなくなり、前と同じ世界に生きながら、より高い並行宇宙を同時に生きられるようになります。今はやりの「アセンション」の本当の意味はここにあるのではないかと訳者は思っています。別次元に逃避することではなく、この地上世界で問題を解決できるように精神を高めるということです。

かつてアール・ナイチンゲールは、宇宙からひらめきを受けて目を覚まし、その日のうちに原稿をまとめてラジオ放送をしました。歴史的に名を残すその放送の中で、八割の人が成功しない秘密が「右に倣《なら》え」の習慣にあったと語っています。「皆がしているから自分もする」という安易な発想が、ほとんどの人を不成功人生に従わせているというのです。それを破るには、一人一人が宇宙と接続して「唯我」の自覚を取り戻し、他の誰にも真似できないユニークな人生を切り開く必要があると思われます。

この本が大きな自分を育てる自己改革に役立つことを願って。

二〇〇八年六月

William Walker Atkinson

ウィリアム・W・アトキンソン

目次

装丁　坂川栄治＋鳴田小夜子（坂川事務所）

本書は、２００８年７月徳間書店より刊行された『引き寄せの法則 実効篇』の新装版となります。

序章

人間磁気
The Nature of the Force

「人間磁気」と言えば、磁気的引力を持つ人が発して、影響の及ぶ範囲にいる人を引き寄せるエネルギーを思い浮かべるのが普通です。この考えは正しいとは言えなくとも、真理の一端《いったん》は含んでいます。

確かに、人からは「引き寄せる力」が流れていますが、それは天然磁石に関係するような磁力とは異なります。「人間磁気」の流れには似た効果がありますが、本質的には磁石とは無関係です。

私の言う「人間磁気」とは、人間の心が発する精妙な念の流れを意味します。

心が生み出すどんな思い（念）も、生み出す勢いに応じて、いろいろな力を持ちます。

人は思念するときに、遠大な空間を旅する光のような、精妙なエネルギーを発します。強い思いは強い力を帯びて動き、他人の心の抵抗力さえ圧しますが、弱い思いは他人の心の城に入口を見つけられません。強い念を一度送ってだめでも、繰り返し何度も同じ念を送れば、突破口が見つかります。これは「雨だれ石を穿《うが》つ」の古い諺《ことわざ》を証明する、心の世界の物理法則の一例です。

私たちは、想像する以上に、他人の念に影響されているものです。意見にではなく、「念」にです。メンタルサイエンスの大家は「思いは物質」という名句を残しました（訳注：ニューソートの開拓者プレンティス・マルフォードの名句で、著書のタイトルにもなっている）。思いは最も強力な物質です。この事実を理解しない限り、私たちは性質もわからず、多くの人が存在さえ否定している壮大な力に、翻弄《ほんろう》されるだけで終わってしまうのです。

一方、この驚異的力の性質とそれを司《つかさど》る法則を理解するならば、それを支配して、自分の道具とすることが可能です。強い弱い、善い悪いにかかわらず、人の発するどんな思いも、振動する波を作り、出会う人や、思いの届く範囲にいる誰に対しても、多かれ少なかれ影響を与えます。

この念波は、池に石を投げたときのように、中心から周囲に絶えず波紋を広げます。もちろん、目標をひとつに絞り、力を込めて念波を送り出せば、相手はその力をはるかに強く感じます。

他人に影響する以外にも、一時的にも永続的にも、思いは本人に影響します。かくあれと思った結果が今の自分です。「人は心に思う通りの者となる」（訳注：旧約聖書『詩篇』の名句）という聖書の一節はまさしく真理です。心の作り出す生物が人間なのです。

思いひとつで楽しくもつらくもなることは、誰でも知っていますが、繰り返される固定的な思いが、本人の性格ばかりか外見にも表れることはあまり知られていません。これは歴然たる事実です。周りを見れば一目瞭然です。

身につけた仕事がその人の外見と性格全般に表れます。では、何がそうさせているのでしょう。「思い」に他なりません。仕事を変えれば、考える習慣も変わり、それに応じて、性格全般と外見も変わってきます。思いが行動に表れるからです。

エネルギーを思う人は、エネルギーを出します。勇気を思う人は、勇気を出します。「できる」、「やろう」と思う人は、そこに至りますが、「できない」と思う人は何ものにしません。

それが正しいことはあなたにもおわかりでしょう。では、違いはどこから来るのでしょうか。「思い」です。しかし、なぜでしょう。思いだけでは役に立たないからです。強い思いには自然に行動が伴います。真剣に考えれば行動するものです。思いは世界で最も偉大なものなのです。

「珍しくもない。心の鍛錬《たんれん》などとうに知っている」という人もいるでしょう。では、なぜそれを実行せず、自分を変えなかったのでしょうか。それは、「できる」と思わず、「できない」と思っているからです。その「できない」を、「大いにできる！」、「やる！」に変えてみせましょう。それが私の仕事です。この講義が終わるまでに、私はあなたを作り変えましょう。

あなたは、私が「浮世離れした夢のような話をしてくれる」、「磁力をたっぷり満たして人を吸い寄せる方法を教えてくれる」、と期待しているかもしれません。

そんな話はしませんが、磁石も比較にならないほどの力を生み出す方法をお教えしましょう。

それは、あなたを真の人間にする力、つまり内にある「実在」（I AM）を悟らせる力であり、強い性格の人間、影響力のある人間、成功する人間に変える力のことです。

あなたが真剣に始められるように、「人間磁気」を得る方法をこれからお教えしましょう。それは追求するだけの価値があるものです。新しい力が内に芽生えてくるのを感じれば、たとえ財産と引き換えにしても、この新しい知識を失いたくないとあなたは思うことでしょう。

注意すべき大切なことがもうひとつあります。それが「思いの引き寄せる力」です。これは最も大切なことですから、よく注意してください。科学的な説明や専門用語を省いて簡潔に言えば、こうなります。

思いは同じ思いを引き寄せる。善い思いは他人の善意を、悪念は悪念を、強い思いは強さを引き寄せる。

どんな思いもこの法則に従っています。あなたの思いは、他人の同じ思いを引き寄せ、その特殊な思いを蓄積するのです。わかりますか?

恐れの念を抱けば、隣人の抱く恐れの念を、すべて引き寄せるのです。強く思えば思うほど、ますますその思いが集まってきます。「何も怖くない」と思えば、周囲から勇敢な念の力がことごとく集まり、あなたを助けます。試してごらんなさい。

恐れと憎悪はすべての悪念の親です。章を追うごとに詳しく説明しますが、この悪い種(恐れと憎悪)を一掃しなさい、とだけ今は申しましょう。根こそぎにするのです。それは、心の園全体を荒らして、心配、疑い、臆病、弱気、嫉妬、愚痴、悪意、羨望、陰口、病的思いなどの雑草を無数に生やします。

私は説教を垂《た》れているのではありません。しかし、こうした悪念があなたの成長を損なうことは知っています。少し考えればわかることです。心の扉を開けて、まぶしく、明るく、幸せな思いの太陽光線を中に入れ、疑いや絶望や失敗の病原菌を駆逐するのです。これが、人生最後の話になるとすれば、私は声をあげて叫びましょう。

「恐れと憎悪の思いを打ち消しなさい！」

第1章 成功の秘訣 How the Thought-Force Can Aid You

あなたが潜在能力を開発して人生を成功させたがっていると仮定して、話を進めましょう。

人生の成功は、周囲の人を引き寄せ感化する力に、大きく左右されます。他にどんな性質があろうとも、「磁力」と呼ばれる潜在能力がなければ成り立ちません。周りを見れば、ほとんどの成功者が他を引き寄せ、説き伏せ、感化し、操る力を持っていることが、あなたにもわかるはずです。それも「強者」と呼ばれている人ばかりです。

この大法則にも少しは例外がありますが、例外が法則そのものを証明しています。こうした例外は、芸術、科学、発明、文学などの分野で成功している人々の間に見受けられます。彼らの成功は、積極性や人を操る力よりも、一つ一つ積み重ねる緻密な研究にかかっています。しかし、彼らがその分野で努力して成功しても、労苦の実を刈り取るのは常に世渡り上手な他人です。この努力家たちが金銭的に成功するとすれば、より積極的な人がビジネス面を担当してやり遂げるからであり、大きな分け前を取るのも後者です。

これが現実ですから、人生の成功を金銭的報酬の獲得とするのももっともなことです。成功を求める人の「磁力」にそれは大きく左右されるのです。

発明家、学者、著述家、科学者は、「心を統制する」力をうまく使えば、益することと大ですが、この驚異的な力を一番発揮するのは「強者」です。それが成功ばかりか、物質的な結果（金）ももたらすからです。お金そのものは高い理想ではありませんが、身の回りに最善のものを備える手段と見れば、低い目標ではありません。その意味で、追求すべき目標としてもよいと思います。

再び言えば、成功するかどうかは、人に興味を持たせ、人を引き寄せ、感化し、操る力に大きく左右されるのです。あなたがどんな分野で生きてきたとしても、このことに異論はないと思います。

次に来るのが、この驚異的な力を自分のものにする方法です。「心の統制法」を修めるのです。それが「磁力」ばかりか成功と幸福を自分のものにする秘訣です。この法を修める男女にとって世界は存分に楽しめる場所になります。能力を開発する粘り強さがなくても、この問題に親しむだけで、強く積極的になれます。

詳細に入る前に一般論を簡潔にまとめてみましょう。あなたは念の力をいろいろに使って、人を感化し、成功を得ることができます。

①暗示の法則を通して、念の力を積極的に使い、人を直接感化する。このやり方で相手に働きかけ、自分の計画に関心を持たせ、援助を取り付け、パトロンになってもらうなどのことができます。生まれつきこの才能に恵まれている人もいますが、開発する意志と粘り強さがあれば、誰でも得られます。たいていの人はこの方法を一番知りたがるので、次の章でそれを取り上げましょう。

②心が発する念波の力を直接使う。自己防衛し積極性を保つ秘密を相手が知らない限り、この力が強い影響を与えます。この法則を理解すれば、あなたは他の人が発する念波に対しても、積極的な態度を保てるようになります。

③「類は友を呼ぶ」という、念の引き寄せる力を使う。決まった念を絶えず抱いていると、不可視の念の大海から、似たような念を引き寄せます。これは自然界の中でも最強の力のひとつで、正しく使えば、予想もしないところから助け

を引き寄せます。念は物質であり、同じ強さと性質の念波を引き寄せる、壮大な力を持っているのです。

④組織の要求に見合う性格を形成する念の力。あなたには成功に必要な資質がありません。それは自分でもよくわかっていますが、欠点は天性のもので直しようがないという信念に、だまされているのです。「心の統制」法を学べば、それが大きな力になってくれます。それによって、あなたは欠点を克服するばかりか、新しい性格を育て、すでに持っている性質を強めることができます。

私はこの一連の講義で皆さんが正しい道へと旅立てるようにつとめましょう。私は道を示すだけで、仕事にかかるのはあなたです。どんなことにも言えますが、自分のことは自分でしなければなりません。

第2章

暗示の力

Direct Psychic Influence

事業プランに興味を持ってもらい、援助を取り付け、支援者（パトロン）になってもらうなど、商談する相手に影響を与える方法を、これから二つの章で説明しましょう。目前の相手を感化する術は、前の章で述べた幾つかの方法を当然含み、どの性質も加味していますが、大きく三つに要約できます。

①声、態度、服装、目による直接的な暗示。真剣な人が無意識に作り出す暗示作用も含まれます。

②意識して相手に向ける念波。

③念を制御して作り出される「引き寄せの性質」。この性質は、一度発生すると無意識に動いて、「人間磁気」の最も衝撃的な面を構成するようになります。

この章では①だけを扱うことにして、残りは章を追って説明します。

暗示の問題を限られたページでまとめるのは容易ではありません。催眠暗示について知っている人は、その意味をすぐに理解すると思いますが、「暗示とは感覚から意識的、無意識的に受け取る印象である」とだけ言っておきましょう。

誰でも暗示を受け入れたり拒否したりしています。暗示をどの程度受け入れるかは、暗示へのかかりやすさで決まり、暗示へのかかりやすさは、受身にならない心をどこまで育成しているかで決まります。

暗示による心の統制を理解していただくために、心には「能動」と「受動」の二面があることを覚えてください。

能動面は、進んで思考し、意志力を発揮します。これは行動的、精力的で頭の切れる人が、忙しい中で頻繁に使っている機能です。受動面は、本能的、自動的、無意識的に考え、意志力を発揮しません。

受動面は優秀な召使です。心の作業の大部分を行い、感謝されなくても、単調な機械的仕事を決められた通りに行います。文句ひとつ言わずに、たんたんと仕事をこなし、疲れを知りません。

能動面は、意識的にのみ動き、神経の力を大量に消費します。活動的、精力的な頭脳労働をこなし、努力して疲れ果て、休息を求めます。能動面を使っているときには、多かれ少なかれ努力を感じます。

この短い説明から、二つの特徴がおわかりいただけると思います。

受身にばかり考える人は、自分で考えるのが苦手で、他人が作った思想を好みます。彼らは文字通りの羊です。信じやすく、積極的に、熱心に言われた言葉をたいてい受け入れます。彼らは暗示にかかりやすく、行動的な人の言いなりになります。断るのが苦手で、その方が楽で考えずに済むなら、相手に同意する傾向があります。暗示にかかりにくい人も中にはいますが、リラックスさせて、能動面を休ませれば、暗示にかかりやすくなります。

二つの心の働きがよくイメージできるように、双子の共同経営者を例に取りましょう。二人は外見はそっくりでも中身は異質で、自分の役目にうまく適応しています。二人は利益も損失もともにします。受身の弟は商品を受け取り、注文に応じて梱包《こんぽう》し、ストックする仕事。能動的な兄は資金を動かし商品を売り込む経営責任者です。とはいえ、商品を買うときには二人が力を合わせます。

受身の弟はおとなしく、軽い性格です。やることは地道で、自動的、機械的です。迷信や偏見があるというより、思い込みが強く、だまされやすく、新規の話が自分の先入観と対立しなければ、信じてしまう傾向があります。

この人に新しい考えを吹き込むには、少しずつ、段階的にする必要があります。彼は兄のいるところでは考えを彼に譲《ゆず》りますが、兄のいないところでは他の人に意見を譲る傾向があります。自信をもって強く求められれば、相手に好感を持ち、大体どんな求めにも応じますから、双子の兄さえいなければ、商談はたいていまとまります。さも当然のように、自信をもって、大胆にかけひきをするのがコツです。

能動的な兄は弟とはかなり違います。疑い深く、警戒心が強く、油断をしない「堅い」人です。兄は会社の利益を損なわないように、受身の弟に目を光らせる必要を感じています。弟は常に誰かや何かに心を揺らしているので、兄が休んでいたり、忙しくて弟に目が届かなかったりすると、必ず何かが起きます。

ですから、相手のことをよく知り、下心がないとわかるまでは、弟を誰にも会わせません。相手を詮索《せんさく》し、下心があると感じれば、「弟はいない」と言います。仮に弟に引き合わせたとしても、相手の一挙一動に注意して、弟を丸め込もうとしていると感じれば、けっして取引させません。

兄はどんな提案もよく考えます。合理的であれば受け入れますが、そうでなければ拒否します。しかし、慣れてくれば猜疑心《さいぎしん》が解けて、相手を信頼し、もてなすようになります。一度警戒心が解ければ、弟に接触するのは簡単です。そうなればしめたものです。親しくなりさえすれば、弟の方から次の会合を進んで設定してくれます。

誰においてもこの二つの働きで心が成り立っていると覚えてください。しかし、会社となると、事情が違ってきます。受身の経営者は、能動的な経営者の積極さの度合いによって、多少我を出したり引っ込めたりする程度で、どれも変わりません。

能動的な経営者はかなり違います。慎重さ、用心深さの見本のような人もいますが、たいていはこの性質がなく、受身の弟と同じほど単純で、根負けしやすく、説得されやすく、おだてに乗りやすい人もいます。心が奪われれば、自分から取引に応じます。

誰にでもその人独自の癖や弱点があり、その弱点を叩くことが成功の秘訣です。まずすべきは、能動的な経営者の警戒心を解くことです。それには多くの方法がありますが、最善の方法を見つけるべきです。ひとつがだめなら次を試します。やり続ければ必ず成功します。「弱気は美女をものにできません」。正しくやればできるのです。毎日するのです。簡単にできる人もいれば、なかなかできない人もいるでしょう。しかし、続けさえすれば、どんなに警戒心の強い経営者もあなたに折れます。

あなたは拒否の答を真に受けてはなりません。恋人を追いかけるときのようにするのです。恋をしているときには何度断られても気になりません。ビジネスにおいても同じ方法で臨むのです。そうすれば必ず成功します。「幸運」は女性名詞で、実際、あらゆる女性の特徴を持っています。

暗示はかければかけるほど力を増します。はじめに提案を拒否した人も、同じことを何度も聞かされているうちに、信じるようになります。あなた自身、暗示の繰り返しで信じるようになったのですから、他人がそうなるのは当然です。

暗示はそのときに目立った効果を出さなくても、よい土地に蒔《ま》いた種のように、いつか芽吹きます。能動的な経営者に正しく話しかけ、興味を引くことさえできれば、受身の経営者を引き寄せて話を聞いてもらえます。彼は後でその話を何度も考え、次には、「堅い」兄が横にいても、あなたと話そうとするでしょう。「恋には錠前《じょうまえ》も勝てません」。

ここに述べた心の二つの働きをよくイメージしてください。そうすれば、あなたは暗示を最も有利に導くばかりか、他から暗示をかけられないように、自分を守ることができます。

暗示の力に頼らなくても、相手に影響を与えて警戒心を解かせることは可能です。あなたの心から直接発せられる念波と無意識に引き寄せる念の性質という二つの強力な味方がいます。あなたは訓練によってこの力を高度に磨くことができるのです。

第3章 世渡りの知恵 A Little Worldly Wisdom

前の章では人間の心の二つの働きを双子の共同経営者にたとえました。このたとえを使って説明しましょう。実生活にかなり応用できます。

能動的な経営者は気難しく、ユーモアと慎重な対応が必要になります。対話、外見、態度、声、目などに、ある程度影響されます。好みや特徴は人それぞれですが、共通するものがあります。

対話はなるべく楽しくすべきですが、こちらから話しすぎてはならず、譲る必要があります。相手が好きな話題を話し始めたならば、静かにしています。あなたは「聴く技術」を養うべきです。それは世界で最も優れた才能のひとつです。聴き上手というだけで高い地位につける人も少なくないのです。

トーマス・カーライルの有名な話があります。ある客がカーライルを訪ねました。客は聴き上手で人間の性格の研究者でもあったので、カーライルが好きなことを話し始めるように仕向けました。するとカーライルは、相手に一言も口を挟ませずに三時間以上も話し続け、帰り際には大喜びで戸口まで見送り、「ぜひ、またおいでください。すばらしい対談になりました」と声をかけました。

要点はこうです。能動的な経営者の話をよく聴き、彼の発する言葉の一つ一つが金貨であるかのように振舞うのです。しかし、相手の言葉に影響されてはいけません。注意して相手の話に耳を傾けますが、思想に印象づけられないようにします。さもないと、あなたが売りつけられる側になってしまいます。ポジティブな態度を保ち、知的に聴く技術をなんとしても養ってください。

服装について言えば、派手な格好やだらしない格好を避けて、中庸《ちゅうよう》を保ちます。人目を引くように作られた服は避け、シンプルで、清潔で、折り目正しい装いにします。よれよれの帽子や泥のついた靴はいけません。常に清潔さを心がけます。強い香水も避けます。たいていの男性は強い香水に不快感を抱きます。清潔さはほとんどの能動的な経営者に話を聴いてもらえる大切な条件です。

態度は明るく、楽しくしますが、軽薄であってはなりません。ある程度つつしみが必要で、感情も抑制すべきです。怒りは強さではなく、弱さの表れであり、怒りっぽい人は不利な立場になるものです。恐れは禁物です。気が短く、失敗を恐れる傾向があるなら、「人間改造法」の章を熟読して、欠点を改善しましょう。

あなたは自尊心を感じさせると同時に、他人の好き嫌いにも配慮すべきです。これは友達を作り、能動的な経営者から好感を得るのにとても大切ですから、それがなければ、なんとしても養いましょう。「人からしてもらいたいと思うことをする」態度を常に心がけ、行動に移せば、この優れた資質を身につけることができます。

率直で広い心を養います。ほとんどの人はそれを好みます。また、真剣に話すように心がけます。これによって、相手はあなたに注意を引き寄せられるばかりか、暗示にかかりやすくなり、あなたの念波の力はいっそう強まります。

誠意のこもった固い握手をします。弱々しい手を差し出されるのは気持ちよいものではありません。正しい握手ができなければ、今できるようにしましょう。あたかも億万長者の恋人の父と握手するように、誰とでも握手するのです。相手の目はしっかり見ます。目の力については次の章で詳しく述べますが、ここでは心のこもった握手との関係に注意してください。二つは一体です。

口ごもったり、大声でがなりたてるような話し方を避け、声を気持ちよく響かせます。相手の声のピッチに合わせますが、大声にならないようにします。相手が大声になっても、自分の声を滑《なめ》らかに、控えめに保っていると、相手があなたに合わせるようになります。

この方法は興奮してまくし立てるような人を相手にするときに効果的です。気持ちを抑え、控えめで安定した声を保っていると、相手の声も次第に同じピッチに落ちてきます。それとともに気持ちもやわらぎ、相手は恥ずかしく感じて、あなたが有利になります。試してみてください。

声には力があります。やわらかく調節された声が最も好ましく、多くの勝利をものにします。あなたの伝えたい気持ちを声に乗せましょう。これは非常に強力な暗示のひとつです。表現豊かな声が暗示を成功させる主な手段の一つです。

ここに述べた大切な条件が仮になくても、絶望してはいけません。得ようとしさえすれば、誰でも手にすることができる才能です。詳しいことは「人間改造法」の章でお話しします。

第4章 眼力 The Power of the Eye

目は他人に影響を与える強力な手段の一つです。相手の注意を引いて暗示効果を楽にするだけではありません。目の力を正しく使えば、あなたの意志を相手に印象づける手段になります。

目は能動的な経営者を引き寄せ、魅了し、受身の経営者と話す機会を与えます。心の統制法を修めれば、目は相手の心に強い精神波を伝える、強力な武器になります。野獣に影響を及ぼす眼力の話はよく聞きます。射抜くように見たり、耐えられないほど強い視線を送る人に出会った経験のある人も、少なくないでしょう。

「磁眼」（訳注：Magnetic Gaze。人を強く引きつける目）をものにする訓練を次の章で書きましょう。それは人を感化する上で特に大切な力です。この章ではあなたがそれを得ていると仮定して話を進めます。

人と話しているときに目を正しく使えば、相手に魅了や催眠に似た力を及ぼすことができます。対話で最も大切なことは、磁眼で相手をしっかり見ることです。じっと見つめる必要はありません。落ち着いた視線で、強い意志力と集中力を伝えるのです。

あなたは対話中に方々に視線を移すかもしれませんが、提案や、意見や、要求など、相手に印象づける何かをするときには、相手を直視し、磁眼をしっかり送る必要があります。これはとても大切なことです。

商談を進めているときには、熱心な、毅然たる態度で、相手の注意を引きます。

要求があれば、相手の目をしっかり見つめて、明確に、真剣に、熱心に求め、相手がそうしてくれることを望みます。相手があなたから目を逸《そ》らさないように固く注意を引きつけます。注意を集めることができれば、能動的な経営者は受身の経営者に注意が行き届かなくなり、後者は近づいてきて、あなたの話を聴きます。

相手があなたの視線を避けるなら、目を逸らす（しかし、目の片隅に相手をとらえます）ことによって注意を引き戻すこともできます。あなたが目を逸らすと相手はあなたを盗み見ます。その瞬間をとらえるのです。相手の目があなたに向けられた瞬間に視線を返して、毅然《きぜん》たる態度で相手を見、意志の力でその視線をとらえます。そこに攻め込むのです。相手は不利になり、強い暗示をかける心の隙《すき》が生じます。

この方法で振り向かせることができなければ、商談に関係する写真やサンプルなどを見せます。それを見るたびに、相手はあなたに顔を向けます。そのときに、磁眼と強い暗示をもって働きかけるべきです。対話中に注意を引き続け、相手を直視できれば、多かれ少なかれ確実に感化できます。相手がこの問題に通じていれば、直接影響を与えるのが難しくなりますが、そのようなケースはまれです。相手は影響を感じて、話を打ち切ろうとするかもしれませんが、それを許してはなりません。あなたはすでに影響を与えているのですから、貫くべきです。来た目的を達するまで相手を放してはなりません。

ここで助言があります。磁眼に影響されている間は、冷静に考えることが難しくなります。それで、相手がこの秘密を知っている場合には、自己防衛すべきです。相手の影響を感じたならば、ポジティブな態度を保ち、「私は強い。その力を超えている」と固く念じます。対話中に切れ目なく相手に見つめさせてはなりません。相手の目を避ける様子を見せずに、楽な気持ちで時々視線を外します。これによって、冷静になり、バランスを取り戻す余裕が持てます。

何かを提案されたときには、あたかも相手の一語一語を考えるかのように、視線を外します。相手があなたの目を見据えて、突然、暗示または提案に出ようとしたならば、視線を一分ほど逸らし、ポジティブな態度を取り戻すまで、答えてはなりません。

否定するときには、きっぱり（もちろん失礼にならないように）否定します。疑わしければ否定します。心の隙を突いて魅惑的な提案を出されたときには、にらみをきかせます。それは非常に危険です。受身の心に付け込まれないように自分自身の能動面を働かせます。商談をする人は常に積極的に話を進め、聴く方は多かれ少なかれ受身になります。熱心に聴けば聴くほど、受身になるものです。消極よりも積極の方が力が強いので、消極的なときに積極的な暗示をかけられないように、常に注意すべきです。

毅然たる積極的な態度で暗示をかける術を学ぶべきです。暗示効果のある声で話し、そうなることを信じます。この性質が身についていなければ、暗示療法の専門家について、試してみるとよいでしょう。経験を積むことが最も役立ちます。「集中」の章も役立ちます。次の章では「磁眼」について詳しく説明します。

第5章

磁眼
The Magnetic Gaze

磁眼は目に表現される強い心の要求です。安定した、積極的な視線を送れるように、目の神経と筋肉を訓練することによって、それが可能になります。精神面での努力については後述することにして、ここでは目の話に限定しましょう。

次の訓練はとても大切ですから、しっかり身につけるようにしてください。あなたに耐えられる人がほとんどいなくなるほど、能力を開発できます。

これは実に興味深い研究です。自分の眼力が強まっていることが相手の顔でわかります。あなたに見つめられていると、相手は落ち着きを失い、二、三秒見つめただけで、畏怖の色を顔に浮かべる人もいるでしょう。この方法を会得すれば、大金を差し出されても渡したくないと思うはずです。

エクササイズ①

十五センチ四方の白い紙の中央に、一円玉ほどの大きさの円を描き、黒で塗りつぶします。椅子に座ったときの目線の高さで、壁に紙を貼り付けます。一分間、瞬きせずに、黒い点をじっと見つめます。目を休めて再び見つめます。これを五回繰り返します。

次に椅子をそのままにして、紙だけ一メートル右に移動させます。椅子に腰掛け、まっすぐ前を見て、顔を動かさず、視線だけ右に移して、一分間黒点を見つめます。これを四回。

次に、紙を最初の位置から一メートル左にずらし、黒点を一分間見つめる練習を五回します。これを三日間続けて、見つめる時間を二分に延ばします。さらに三日後に三分に延長します。このように、三日ごとに一分ずつ延長します。二、三十分、瞬きせずに見つめられる人もいますが、十五分以上延ばしません。十五分をクリアーすれば、三十分するのと同程度の眼力が得られます。

この練習はとても大切です。忠実に続ければ、どんな相手も熱心に見つめられるようになり、犬などの動物を立ちすくませるなど、いろいろな効果が出てきます。まぶたを大きく広げるので、目を大きく見せる効果もあります。

エクササイズ②

①の補足です。このように変化を加えることによって、マンネリをなくし、躊《ちゅう》躇《ちょ》せずに他人の目を見つめられるようになります。

鏡の前に立ち、そこに映った自分の目を①と同じように見つめます。

前と同じように時間を延ばしていきます。

この訓練には、他人の視線に耐える力をつけ、目を表現豊かにするなどの効果があります。

この訓練を規則正しく実行します。①よりもこちらを好む人もいますが、二つを結合することで最善の効果が得られます。

エクササイズ③

壁の一メートル手前に立ちます。黒点が目の前に来るように紙を留めます。黒点を凝視《ぎょうし》したまま、視線を逸らさずに、首を回転させます。視線を固定したまま首を回転させるこの運動で、神経と筋肉がかなり訓練されます。首を反対方向へ回転させて変化をつけます。目を疲れさせないように、はじめはゆっくり行います。

エクササイズ④

壁を背にして立ち、向こうの壁に向かって、上下、左右、斜め、回転と、壁の方々にすばやく目を動かします。目が疲れを感じたなら運動をやめます。終えるときに一点を凝視するのがコツです。こうすると目が休まります。これは目の神経と筋肉を強化する運動です。

エクササイズ⑤

凝視する力が身についたなら、了解を得て友人を見つめてみましょう。自信がついてきます。友人と向かい合って椅子に座ります。静かにじっと相手の目を見て、相手にもできるだけ長く見つめさせます。相手はすぐに疲れて、音《ね》を上げるころには、ほとんど催眠にかかっています。

動物を扱える人は、犬や猫に凝視の力を試してみましょう。たいていの動物は凝視を避けて、逃げたり、顔を背けたりします。

静かな凝視とじろじろ見るのとはもちろん異なります。前者は強い魂の力を持つ人の特徴ですが、後者は恥知らずです。はじめのうちは、凝視によって相手が戸惑いや動揺を感じるかもしれませんが、新しい力に慣れてくれば、礼儀を踏まえて使えるようになり、相手を動揺させずに感化できるようになります。

凝視の訓練をしていることは人に話さない方が賢明です。疑われたり、人を感化する力を正しく使えなくなるおそれがあります。自慢せずに、不言実行して、自然に力が身につくようにしましょう。不言実行には隠された理由があるのです。この助言を守らないと後で後悔します。訓練には時間をかけ、自然の法則に従って、少しずつ確実に身につけるようにします。

第6章

意志力
The Volic Force

暗示などの力を使って対話中に相手を引きつける方法をこれまでの章で説明してきました。この方法で他に影響を与える人は、さらに二つの力に助けられます。一つは、念の引き寄せの性質（後の章で説明）、もう一つが相手の心に影響を与える意志力です。

この二つの精神力には明確な違いがあります。念の引き寄せの性質は、一度始動すると、意識しないうちに他に影響を与えます。あることを強く思うだけで、相手に影響を与える大きな力が動き出します。意志力の場合には、送り手は意識してその波を送り出します。

ここで言う「意志」を、自由選択する「意思」と混同してはなりません。意志力は自然界の根源的な力の一つですが、ほとんど理解されていないものです。それは誰でも多かれ少なかれ無意識に使っているもので、開発法を知らなくても、意志の力を自覚している人もいます。必要な時間と努力を注げば、知的な実践と訓練によって、意志の力を大いに増すことができます。「集中」についての二つの章で、この力の正しい開発法をお教えしましょう。

意志力をうまく使いこなすには、意志の本当の性質を理解する必要があります。そして、意志の本当の性質を理解するには、「真の人間」とは何かを知らなければなりません。

人は肉体を「自分」と考えがちです。これは物質主義的な見方です。脳に住んで体を動かす精神を「自分」と考える人もいます。これは部分的に正しくても、事実の半分にすぎません。人間の中に「高我」(Higher Self) が存在すると感じている人もいますが、高我に接続して、その導きの下に生きている人はあまりいません。

精神が体の上位にあるように、真の自分は精神の上位にあります。肉体も精神も、真の自分が必要と見たときに使う道具にすぎません。人が静かに思うときに感じる「我在り」の意識、それが真の自分です (訳注:「我在り」(I AM)。デカルトは「我思う。ゆえに我在り」という名句を残し、モーゼに十戒を下した神は「在りて在る」と自らを呼んだ。人生を変える大悟を得させる自己存在を意味する)。

誰でも人生のある時期に真の自己の存在を感じるものです。この本を二、三分閉じて、体の筋肉を休め、心を受容的にして、「我在り」という言葉に静かに思いを寄せ、体よりも心よりも上位にある、真のあなたを思い描いてください。心身を適切な状態に保てば、真我の存在の輝きが内に感じられてきます。それを意識し続けることによって、心の中に真理が目覚めてきます。

真我は傷つけることも滅ぼすこともできません。体と心は滅びても真我は不滅です。そこにこそ力があり、心が順応しさえすれば、人は未知の力を獲得する新しい生物となるのです。

この大切な真理に注意していただきたいと思います。この本の教えを受け入れるも拒むも自由ですが、一つのことだけは心に刻んでいただきたいのです。それは「我在り」が真の自分であるということです。心が主人を認めるときに、生命の秘密（シークレット）があなたに明かされます。

私が「意志」というときには、「我在り」の力を意味しているのです。「意志の開発」というときには、意志に制御される心の開発を意味しています。意志は力そのものですから開発する必要はありません。これは一般に受け入れられている教えとは異なりますが、いずれにせよ真実です。意志の力は心霊的導線を流れています。あなたが心の機械を動かすには、その線に接続するだけでよいのです。

次の章では、意志力のエクササイズについて詳しく述べましょう。

第7章 意志で影響を与える法 Direct Volation

意志を使っている度合いは人によってまちまちです。人をどこまで感化できるかは、意志力の度合いに比例すると言ってもよいでしょう。大いなる力を扱っていることも知らずに、無意識にこの力を発達させている人もいます。彼らの多くは、なぜ自分が人を感化できるのかわからないと言っています。何かの力は自覚していているけれど、その性質や法則がわからずにいるのです。

ナポレオンは意志の力を高く発達させた驚異的な例です。彼は数百万人を意のままにして、奇跡に近い結果を出しました。その言葉から、ナポレオンが自分の従っている力をうすうす感じていて、しばらくは従順に仕えていたことが窺《うかが》えます。しかし、のちに力の誤用に誘われ、力の源を見失ったために、法則を無視して転落したのです。

成功する人は誰でも、「私」という存在を、本能的に強く感じています。自分自身を信じ、人生に特別な摂理が働きかけている、ナポレオンのように「運命の星」の下に生まれていると感じています。彼らは真の自己（「我在り」）を本能的に認めているのです。しかし、真理を垣間見たにすぎず、権力や名声や富への強い欲求をできる限り満たすために力を使っています。

「我在り」の力を認めている人は多くても、その法則を理解している人は少数です。後者は物質的報酬を求めて戦いません。内に力はあっても欲がありません。少ない物質的報酬で満足し、犠牲を払ってまで、成功や心の統制を求めようとしません。秘密の力を修めた達人の多くは、富や地位や名声をさげすみ、それが自分の「力」にとって無価値であると感じて、より高い目標に力を向けることを好みます。彼らは「すべては虚しい」（訳注：旧約聖書『伝道の書』の一節）と、預言者に声を合わせます。富や権力や地位が常に幸せをもたらすとは限りません。

私は説教しているわけではなく、道徳を強調しているのでもありません。自分の人生を決めるのは常に自分であり、他人が指示することはできません。私が言っているのは、「何事も正しく行え」ということです。何かを実現するには行動するしかありません。一歩踏み出したら後ろを振り返ってはなりません。目標を定めたならば、万難《ばんなん》を排してそれに向かうことです。目標を遂げるには強い願望を持たなければなりません。そして、計画推進の「意志力」を注ぐために、真我（「我在り」）を力強く悟るのです。

前の章で、意志とは「念波を目標に向ける意識的な努力」であると言いました。念波の力は対話のように短い距離で普通に使うこともできますが、あまり知られていない長距離をカバーする方法でも使えます。前者はありふれていて誰でもしているとです。後者は珍しく、たとえ理解していても言葉になりませんが、想像以上に多くの人が、知らないうちに使っているのです。「テレパシー」、「虫の知らせ」、「読心術」がそのよい例ですが、この問題をあまり理解していない人に限って、力を誇示したがるものです。

私は驚異的にこの力を発達させている人を何人も知っていますが、彼らはこの問題をよく理解する、気心の知れた友にしか力を披露《ひろう》しません。自分がどんな力を使っているかを心得ているので、見せびらかして価値を低下させることを嫌うのです。自分の知識に満足しているので、他を納得させようとも、信者を集めようともしません。

真我（「我在り」）の力を悟ることが、意志の技を身につける第一条件です。悟れば悟るほどその力は強まります。それには特別な訓練を要しません。考えるのではなく感じるのです。自分が正道にいることを疑わずに、悟るのです。私に言えるのは、「肉体とは一時的にまとう服にすぎず、自分ではないと感じられてくる」ということくらいです。精神も自分ではなく、「自己表現の道具にすぎない」と感じられてきます。

「我在り」と宣言し、そう思うときに、真我の存在が意識され、新しい力がみなぎってきます。それはかすかな感覚かもしれませんが、意識し続ければ、力は増してきます。さらに、自己開発のプランに専念することによって、意志が明確になってきます。

それは「持つ者はさらに与えられ、持たない者は持っているものまで取り上げられる」（訳注：新約聖書のイエスの名句の一つ）の意味です。一を知って十を知る人もいれば、考えを咀嚼《そしゃく》して真理を悟るまでに時間のかかる人もいます。真理を感じない人もいます。このような人には「今は時が熟していないけれど、あなたの心に種子を植えたので、いつか芽吹きます」とだけ言いましょう。真我の胎動を感じた人には「その思いを大切にすれば、蓮の花のように自然にゆっくりと花開きます。一度悟った真理は失われません」と言いましょう。集中の実践によって、真我の悟りが深まります。静寂の中で一念集中することによって、「我在り」の感覚がいよいよ増してきます。

対話している相手に意志の影響を与えるには、心で強く要求するだけでよいのです。自分にはその権利があり、命令通りになるという意識を必ず添えます。あなたは命令通りになることを完全に期待しなければなりません。どんな心の作業においても、真剣な期待が結果を決めます。期待が半端《はんぱ》であれば、結果も半端になります。

これは、結果を意識して期待すれば、誰でも意のままにできるという意味ではありません。それは相手が精神的抵抗力を持たない場合に限ります。この方法は誰にでもある程度効きますが、どこまで成功するかは、相手と比較した場合の自分の意志力の度合いで決まります。実行をためらってはなりません。あなたは実行によって改善し、理解もますます深まります。

後の章で、精神力を邪悪な目的に使ってはならない理由を説明しますが、今はこの力を誤用しないように注意するにとどめましょう。こうした行いは倫理的に悪いだけではなく、本人に不利な結果を招き、続けていれば夢は打ち砕かれます。一時成功しても、悲惨な結果をもたらします。それには十分な奥義的な理由があるので、この本を読む誰もが警告に注意するように望みます。

しかし、相手に害が及ばない限り、正当な商売にこの知識を応用するのはよいことです。仮に誰かに影響を与えたとしても、相手を正しく扱っていれば力を正しく使っているのです。逆に、人をだましたり、不正な商売をするためにこの力を使うなら、悪事に比例した大きな業を作り、苦しみます。これは来世の処罰のことを言っているのではなく、生きているうちに経験することです。「蒔いた種を刈り取る」という諺がここに当てはまります。

とはいえ、あなたが意志の力を十分に得た暁には、誤用する可能性は非常に少ないでしょう。新しく得た力で悪事を働きたいとは思わないはずです。しかし、この世には、邪悪な目的にその大きな力を使う悪魔のような人もいます。彼らは極端な不幸に自らを運命づけているのであり、堕落した神々のような存在です。

最良の開発訓練は、もちろん「集中」ですが、その前に簡単な力試しをして自信をつけましょう。そのために幾つかエクササイズを用意しました。最初は簡単なテストだけにして、少しずつ難しい技に取り組むとよいでしょう。完成に導くのは実行です。

エクササイズ①

通りで自分の前方を歩く人に注目します。少なくとも二、三メートル以上離れます。相手の首の後ろ、大脳基底核に視線を集めます。この部分を強く見つめていると、相手は振り返ります。少しの練習でできるようになるはずです。この方法で、どれほど多くの人に影響を与えられるかを知って驚くと思います。

エクササイズ②

集会、劇場、コンサート会場などで、前に座っている人の同じ部分に視線を寄せます。相手は、もぞもぞして落ち着かなくなり、最後にあなたの方を振り向きます。知らない人より知人の方がよく反応します。相手のことを知っていればいるほど、反応は速くなります。この二つの練習は、工夫すればもっと数を増やせますが、どれも原則的には同じで、視線を集中し強く真剣に結果を望むのがコツです。

エクササイズ③

電車に乗って、席に着いたなら、向かい側の席に座る左右何人目かの人を選びます。知らん振りして正面を見ながら、相手の姿を視覚の片隅にとらえ、こちらを振り向くように、強く心の中で呼びかけます。うまくいけば、二、三分以内に、相手が急にあなたを振り向きます。何気なく目を向けることもあれば、呼びかけに応じるかのように、キッと見返すこともあるでしょう。

エクササイズ④

対話している人が言葉の選択に困ったときに、その人を鋭く見て、心中に強く一語を念じます。たいてい、相手は暗示した言葉をすぐに繰り返します。ここで、あなたは適切な語を選ばなければなりません。そうしないと、受身の心がそれを使うことに躊躇《ちゅうちょ》して、能動的な心が別の単語に差し替えてしまうおそれがあります。講演者、説教師などにこの方法を試して、実に興味深い結果を報告してくる人もいます。

エクササイズ⑤

人を特定の方向に動かす興味深い実験があります。通りを歩きながら、例によって誰かの後頭部に視線を集め、相手が対向方向から来る人とすれ違う瞬間に、右か左を振り向かせるのです。この方法はあなたが通りで人とすれ違うときにも試せます。左右を振り向かず、まっすぐ前を見て歩き、近づいてくる人に視線を定めて、相手が左か右を振り向くように心で命じます。

エクササイズ⑥

窓際に立って、近づいてくる歩行者が通りがかりにこちらを振り向くように念じます。集中力が十分開発されていれば、十回のうち七回は、相手はあなたの心の引力に従います。集中の訓練をしていなくても、かなりの数の通行人に影響を与えるので、「何かあるな」と思うはずです。この実験は、上の階から行うよりも、一階フロアで行った方が効果的です。衝動を感じて横を振り向く方が、高い階に顔を上げるよりもずっと楽ですから、確率が高くなります。

あなたはこの訓練によってかなり自信をつけて、心の衝撃波を送るコツがつかめるようになります。このエクササイズは、精神力を訓練する以外には、たいした価値がありません。これは遊びや余興に使うべきものではありません。心理操作の法則の真意を会得すれば、この知識をひけらかしたいとは思わないはずです。

第8章 テレパシー交渉術 Telepathic Volation

意識的な念も無意識的な念も、特有の振動を空間に放ち、多かれ少なかれ、その振動で人に影響を与えます。

相手に一直線に念を送って注意を引く方法があります。これは普通使われている散漫なやり方に比べれば、散弾銃に対するライフル銃のようなもので、目標が一つに絞られるため、はるかに優れた効果を発揮します。

メンタルサイエンスに通じる人の中には、テレパシーに驚くほど通じて、常人には信じられないような現象を起こす人もいます。長年の修行と浮世離れした生活がこのような現象を可能にしますが、そんな人生を送りたいと思う読者はあまりいないでしょう。

この力が容易に得られないのは、恐らくよいことなのでしょう。誤用する人が多いからです。私はこの道の達人たちに招かれて、多くの驚くべき現象を見てきましたが、託された秘密は厳守しています。誰でも人を操れるような方法を公開するのは賢明ではありませんし、それでも秘密知識の一部が流出して、誤用されています。たまたま基本法則の一部を知り、限られた知識でこの問題を追求して、仰天《ぎょうてん》するような現象を起こす人も少なくありません。

この本の目的は、読者を密教の修験者やヨーガ行者や神秘家にすることにはなく、精神的影響力（あるいは人間磁気力）の法則を実用的に解説することにあります。達人が意のままに作り出す現象には触れません。日常生活に役立つテレパシーの基本法則と応用を伝えるだけで、相手の注意を引き寄せる以上のことは教えません。さらに窮めたい人はそれも自由ですが、上級に進むのは容易ではないとだけ申しましょう。ここに紹介するのは、理論さえ呑みこめば誰にでもできる初級篇です。

どんな念も振動を起こし、池に石を投げたときのように、周りに波紋を広げ、あらゆる人に影響を与えます。しかし、水面に沿って石を投げれば、投げた方向に波が立ちます。普通の念波と比較したテレパシー波もそれと同じです。

あなたが誰かの気を引きたがっていると仮定しましょう。あなたは彼の気持ちを自分に向けようと切に願い、振り返る彼の姿をイメージするかもしれません。この場合、あなたはあらゆる方向に強い念を発しています。一部は目指す相手に届いて、あなたの積極性に応じて、多かれ少なかれ影響を与えますが、相手は他の関係者と同程度にしか影響を受けません。しかし、強い思いが一直線に届くように心を調整すれば、情報はより明確に相手に伝わり、念波の衝撃力も強くなります。

最良の結果を出すには、後述する「集中」の訓練をします。集中法を知らなくても、ある程度の結果を出せますが、知っていれば結果は十倍になります。

あなたがすでに集中の訓練をしていると仮定しましょう。商談を二、三日後に控えて、あなたは自分の事業やプランを相手に印象づけたいと思っています。先方はあなたより強いか、少なくともあなたに関心がありません。あなたは対話で影響を与える方法をすでに知っていますが、できれば事前に遠隔でラポール（訳注：心的つながり）をつけたいと思っています。これができれば、相手はあなたに関心を持たざるを得なくなり、圧倒的にあなたが有利になりますから、成功のチャンスが増すと感じるのは間違っていません。

遠隔でラポールを作る方法はこうです。静かな場所にこもり、横になるか、安楽椅子に腰掛けるかします。楽にして、すべての筋肉を緩《ゆる》めます。自分が濡《ぬ》れた布のようにやわらかくなり、体の存在をほとんど感じなくなるまでリラックスします。静かになり、心を受身にして、何も考えません。心を乱す不安の念を特に遮断します。集中によってこれがやりやすくなります。

正しい状態になったら、真剣に、静かに、相手を思います。眉を寄せたり、拳《こぶし》を握ったりして考えずに、リラックスして受身になります。安定した、静かな努力を傾けるべきです。目を閉じて相手の姿をイメージするのが役立ちます。初対面の人であれば、特徴のない姿でかまいません。二、三度試しただけで、イメージはますます現実味を帯びてきて、相手とのつながりが実感できます。

この段階で、相手への願いに集中し、彼が願い通りにしてくれていると想像します。ここで大切なことは、中心的なイメージをその人自身とすることです。それが両者のつながりを保ちます。思い通りに動いていると空想するだけでは、低い念波しか出せません。低い念波もあらゆる方向に波紋のように広がりますが、もっと大きな力が届かなければ、直通回路が開きません。あなたは実際に試すことによって大いに上達します。

直径三十センチほどの長い筒を通して見ている感覚がしたときに、最もよい結果が出ます。この感覚はあなたが他の印象をすべて排除し、心の回路を開き、ラポールを完成させたしるしです。相手が心の統制法を知っていて、あなたの念波に対して構えない限り、ここで強い印象を感じます。相手が受身であればあるほど効果は高まります。少しの訓練でこの力が開かれ、「筒」の印象と相手の姿がいよいよはっきりしてきます。

はじめから成功する人もいますが、長い筒の印象がしてくるまで、多少とも訓練が必要です。次に来るのが、筒が通ったという感覚です。はじめは、影のような「環」がぼんやり見えますが、徐々に形がはっきりしてきて、開いた筒の先端のようになります。それから、筒は伸び始め、それを通して莫大な距離を見通せるようになります。二、三回でこれができる人もいれば、何度も試さなければならない人もいます。イメージするコツをつかむことが肝要です。

ここで大切なことは「積極的な態度」を取るということです。それが好結果をもたらすばかりか、相手から来る影響を阻止してくれます。相手の影響を感じたなら、「我在り」の思いに集中します。それが心霊的な力を生み相手の振動を遮断します。高我を完全に実感し、認めることによって、あなたは努力せずに保護のオーラに包まれるのです。

一瞬思いを止めて、「我在り」と宣言し、真我を認め、受け入れるのです。保護のオーラに包まれている絵を保っているあいだは、あなたはそれを保てます。この効果は絶大ですから、とにかく訓練を積むことをお勧めします。他人に影響されずに一人で考えたいときには、座って、この方法を試すだけで、いかに思考が明晰《めいせき》になるかがわかるでしょう。

次の章で、常時他から寄せられてくる念の影響力についてお話しします。自然界は私たちに生まれつき抵抗力を与えています。それでも、私たちは多かれ少なかれ、他の影響を受けていて、自分の意見と思ったものが、周囲の意見に合わせたものにすぎないことも度々《たびたび》です。住む場所を変えれば、新しい環境の全般的な印象に応じて、宗教、政治、倫理等の見方も変化してきます。それは、新しい地域の全体的な念に影響されているのです。

人間の感情と意見は他から寄せられる念波の性質に多かれ少なかれ左右されます。外部から来る印象を自由に遮断し、自己の理性と判断力と直観だけに動かされることを可能にする知識は、この上なく尊いものです。

誰でも自分の考えをはっきりさせなければならない瞬間があります。何かをするように強いられて、行動に迷いが生じたなら、最善の思いを形成すべきときです。保護のオーラに包まれて、心の城にこもり、最善の決断をするのです。何としてもこの術を身につけることをお勧めします。

話が守りに逸れてしまったので、元に戻しましょう。あなたが遠隔操作で相手の心とつながっていると仮定しましょう。本人に会えば、彼はあなたへの関心を深めているように見えるはずです。知り合いのように振舞うので、あなたの気持ちは楽になるでしょう。相手が望み通りのことをしてくれるというのではありません。しかし、相手は話を合わせるようになり、予想よりも早く話が進むでしょう。

遠隔操作の訓練を繰り返せば、もっと容易になります。失敗したと感じても、くじけてはなりません。やり続ければ予想もしないときに成功します。どんな商談においても、勇気ある、自信ある精神的態度を保ち、眼力を使うことを忘れないでください。それがラポールを設定し直し、商談を望みの方向へ導くことが多いのです。

第9章 引き寄せの性質 The Adductive Quality of Thought

メンタルサイエンスの開祖、プレンティス・マルフォードは、「思いは物質」の一語にその思想を表現しました。大いなる真理がこの一語に凝縮されています。人類がそれを完全に理解すれば、世界革命が起きるでしょう。

思いは壮大な力であるばかりか、どんなものとも変わらぬ、現実の物質です。思いは精妙な形の物質とも、粗雑な形の霊とも言えます。いずれの呼び方も間違っていません。心の粗雑な形が物質であり、物質の精妙な形が心です。自然界には唯一の原物質（サブスタンス）があり、それが物質から霊に至る多くの形を取っているのです。

人は思うときに、気体や液体や固体と同じほど現実的な、精妙な原物質の波を発生させます。水蒸気や気体を見ることができないように、念も見ることができません。空気を嗅いだり、味わったりできないように、念も嗅いだり、味わったりできませんが、磁力よりも強く感じられることは多くの人が証言しています。

磁気は五十キロの鉄を引く力があっても、人間にはまったく影響しません。磁気の波が人体を伝って鉄を引き寄せたとしても、人は何も感じません。光や熱の振動数は念よりも低いのですが、原理は同じです。

この原物質（あるいは力）の存在を知るのに五官の解釈は不要です。科学年鑑はこの事実を証拠立てるものでいっぱいです。著名な科学者のエリシャ・グレー（訳注：一八三五－一九〇一。一八七六年に電話機を発明したアメリカの物理学者）は、『自然の驚異』という小著に書いています。

「誰にも聞こえない音波が存在し、誰にも見えない色波が存在することは、想像に難くない。毎秒四万回と四百兆回の振幅の間に無音の暗黒世界がある。光の消える毎秒七百兆回の振幅の彼方に、無限世界が広がっている」

M・M・ウィリアムズは『科学の短章』と題する作品に書いています。

「音感を生む最も速い波動と、熱感を生む最も遅い波動との間に、グラデーションはない。宇宙が一つ入るほど大きな溝がそこにある。私たちに聞こえる音の世界と、光と熱の世界との間に、そのすべてが横たわっている」

権威者の言葉を引用したのは、念波が存在する事実を証明するためではなく、考える材料としていただくためです。引用部分のテーマは、この本の範囲を超えているので、ここでは扱えません。

念の性質はそれを発する人の性質に左右されます。念に色があるとすれば（現にそれを見る人がいます）、恐れや心配の念は、地表に垂れ込める重い雲のように見えます。明朗で幸せで自信に満ちた「できる」という思いは、明るい水蒸気の雲のように見え、速く動いて、同じ思いと混ざり合い、低く垂れ込める「できない」雲のはるか上で、羊毛のような層を作ります。

念波はどんなに遠くに届こうとも、あなたと一定の関係を保ち、他人ばかりかあなたにも影響します。それを除くのは容易ではありません。念はあなた自身の子供です。悪念を発していれば、発する本人が悪念の影響を受けます。それを中和する唯一の方法は、正しい念波を新たに強く送ること、真我の存在を肯定して、きれいなオーラを作り出すことです。

「類は友を呼ぶ」、「同じ鳥は群れを成す」の諺は、念波の性質に見事に当てはまります。念の引き寄せる性質は、心と霊の世界では最も驚異的な特徴の一つに数えられます。

不安や心配は同じ念を引き寄せます。それが一つになれば、自分のばかりか他人から来る念にも影響されて、大変な重荷になります。執着すればするほど、ますますそれは重くなります。逆に、明るく楽しいことを思えば、同じ念を他の人から引き寄せて、ますます陽気になります。

これは厳然たる事実です。しかし、私の言葉を鵜呑《うの》みにせよと申し上げているのではありません。自ら試して確信していただきたいのです。

試すときには、結果を確信する気持ちを念に添えます。そうすれば、さらによい結果が、さらに早く得られます。疑い半分の中途半端な思いは、確信する力も僅《わず》かで、結果も知れています。

落胆、自信の無さ、「試すのが怖い」、「自分にはできない」という思いでいれば、同じような淀《よど》んだ思いを引き寄せて、本当に「できなく」なるばかりか、他人からもそう見られてしまいます。

しかし、奮起して、真剣な、自信のある、恐れを知らない、「やる！」、「できる！」の気持ちを起こせば、他人からも同じ念を引き寄せます。それがあなたをさらに刺激し、強め、目的の達成を助けるのです。

あなたが嫉妬の思いを発すれば、嫉妬は同じ仲間を連れ帰り、その効果が消えるまであなたを悩ませます。同じように、憎悪の念も力を増して戻ってきて、あなたを傷つけます。「人を呪わば穴二つ」という諺は、普通考えられているよりも真実に近いのです。怒りは人を怒らせて、怒りの言葉を戻すばかりか、他人の怒りの念も加わって力を増します。

「人は自分の探しているものしか見つけない」という言葉がありますが、まさにその通りです。それしかできません。思いは同じ思いを引き寄せ、同じ心の色メガネで世界を見るからです。

善い思いは善を、悪い思いは悪を引き寄せます。人に憎悪の念を送るならば、憎悪の念が返されて、憎悪の世界しか見えなくなります。自分の送ったものが何倍にもなって返ってくるのが念の世界です。親切な念を送れば、親切な念が何倍にもなって返され、あなたは助けになる親切な世界に開かれて、ますます得をします。自分の利益のためにも、最善の思いを楽しむのが一番です。

この線で思考する訓練をひと月続ければ、自分も周囲も大変化していることがわかるでしょう。あなたは、卑しく、低く、惨めに考えるのが嫌になり、二度とごめんだと思うはずです。ひと月経たないうちに、共鳴する有益な念波が感じられてきて、まったく違う人生が開かれます。

今、試してください。けっして後悔しません。

真っ先に除くべき特別な悪念が二つあります。それを除けば、自然にバランスが取れてきます。恐れと憎悪の二つがそれです。この二つの雑草が他のほとんどの悪念の親です。心配は恐れの長男で、父親そっくりです。妬み、悪意、怒りの父は憎悪です。もとさえ絶てば、あなたはその子供にも悩まされなくなります。

ここで、「念の引き寄せる性質」のもうひとつの面に話を移しましょう。「正しい思考による成功」にそれは表れます。

信じられないかもしれませんが、世に言う「成功者」は、例外なく、真剣な、力強い、集中した思いを持っています。その思いに心を定め、意志（「我在り」

の自覚）を加えて、性格を形成し、目指す目標に突き進みます。同じ目標を目指しても失敗するならば、その思いを保てず、くじかれ、不安になり、理想を捨ててしまうからです。

目標にかなった思いを上手に補う必要条件は次の通りです。

①強烈な願望（ただの希望ではありません）
②願望を実現する自力への確信（あいまいな信仰ではありません）
③成し遂げる決意（「試してみる」程度の弱気ではありません）

この成功法は力をどこまで信じ切れるかにかかっています。半端な信仰は半端な結果しか生みません。「遂げる」と真剣に信じ切れば大成功に近づきます。そう信じ切り、欲するものへの強い要求を伴わせるならば、成功するのです。

「求めよ、さらば与えられん、叩けよ、さらば開かれん」と言います。成功への固い信念と期待をそこに伴わせるのです。

「自己を断言する人は、静かに待てば、運命が急いで要求に応え、確実に供給する」とヘレン・ウィルマンス（訳注：一八三一－一九〇七。アメリカの女性ジャーナリストでメンタルサイエンスの先駆者の一人。貧困の中で新聞を発行し始め富を築いた）は書いていています。

ここで「静かに待つ」とは、「確たるものを静かに信じ期待する」心の状態を指すのであり、何もせずに棚から牡丹餅《ぼたんもち》を待つという意味ではありません。熱い願望に支配され、思いをひとつに絞っている人は、座って待ちません。それは熱い願いと真摯《しんし》な追求を犠牲にすることです。「思いは行動に表れ」ます。思いが固ければ固いほど、行動も力を増してきます。

あなたが最悪の方法で何かを欲し、それを得る力が自分にあると確信したとすれば、それは最善の方法で求めているのです。「事が起きるまで待ってはならない。事を起こせ」とガーフィールド（訳注：一八三一－一八八一。アメリカ第二〇代大統領）は言いました。全力を傾けて行動し、その結果「ことが起きる」のを、静かに求めるのです。そうすれば、命じた通りにことが起きるのを、常に確信できるようになります。

あなたは信念についての私の話をまず受け入れる必要があります。しかし、体験によってその正しさを知り、成功に向かって突き進むのです。

切実に求めさえすれば、すべてがあなたのものです。「すべて」です。試してごらんなさい。真剣にトライすれば必ず成功します。それは力強い法則の作用です。

次の『人間改造法』の章で、「人は心に思う通りの者になる」ことをお教えしましょう。

第10章 成功に導く人間改造法
Character Building By Mental Control

意志の力で心をかたどり、望むものとすることは可能です。人は自らを作り変えることができるのです。こうあれと望んだ結果が今の自分です。

この言葉は大胆に聞こえるかもしれませんが、いずれにせよ真実です。周りを見れば、そのような例はいくらでも見かけます。心の新生は空しい夢ではありません。生きた真理です。何事にも原因があることを思えば、私の言わんとする意味がおわかりいただけると思います。

仕事に成功するかどうかは、特定の心と、性格と、性質にかかっています。この三つの中で、「心」が唯一真の成功の要因で、他の二つはその結果にすぎません。特定の性質を持つ人は特定の結果を出します。それがなければ結果を出せません。この特質を手にするときに、驚くべき可能性に開かれることを、あなたは知るのです。

成功に必要な特質は次のようになります。エネルギー、大志、決断、勇気、自信、不屈、忍耐、分別など。

誰にでもこうした性質の一部はあっても、他の一部がありません。一部の性質だけが強く、他が弱い人もいます。欠けた性質を作りだす薬はありませんが、心の統制法を生かすことによって、望む結果を出すことは可能です。

覚えるべき第一のことは、人は精神的にも、肉体的にも、習慣を作り出す生物であるということです。人の性格は、大部分、思考する習慣の結果です。ある習慣を作りやすくし、他を作りづらくする力を受け継いでいるために、一番抵抗の少ないところで動いている人が大部分ですが、突き詰めるならば、性格とは身につけた習慣の結果です。

人は新しい道を切り開くべきだと知っていても、他人が踏み固めた道を歩きたがるものです。なぜでしょうか？　単に「面倒」だからです。そうする意志力も、決断力も、粘り強さもないからです。確かに楽な仕事ではありませんが、そこからどんな結果が得られるかをよく考えましょう。

私はなるべく手のかからない方法をお教えします。この方法をもってすれば、下草と砂利を瞬く間に取り除けると保証します。それは極めて簡単かつ効果の高い自己改造法です。できるだけ簡潔にお話ししましょう。

心には能動と受動の二面があると前に説明しました。前者は意識的、独創的に考えますが、後者はその言いなりです。催眠術師が能動面を眠らせて取り組むのが心の受動面です。

受動面は、ある意味で劣っているとはいえ、扱い方を心得なければ、われわれを実質的に支配してしまいます。習慣を作り道を踏み固めるのがその役目です。受動面は影響されやすくとも、自分の方法に固まるので、何度も言い聞かせているうちに、新しい考えを受け入れます。思考、行動、態度、性格の習慣を破る秘密がここにあります。

旧習を打破して、新しいものに替える方法は、一つ以上あります。一つは強じんな意志力によって遂げる方法、もう一つが有能なセラピストが心の受動面に注ぎ込む催眠暗示です。これを「念の吸収」と呼ぶことにします。

強じんな意志力で習慣を打ち破るのは至難《しなん》の業《わざ》です。それは最強の人だけが成功できる方法であり、弱い人は挫折して、絶望するだけです。

催眠暗示で習慣を変える第二の方法は、多くの人が試して、すばらしい結果を得ています。暗示を与える人は、よからぬ思考習慣を消す最新の方法に通じる専門家でなければなりません。ここでは、自分を誰に委《ゆだ》ねるべきかを慎重に決める必要があります。催眠暗示をかけられるというだけで人を選んではなりません。帳簿をつけて、金勘定ができるからといって、銀行員になれないのと同じです。

三つ目が自己暗示で、これに「念の吸収」を加えれば、特に優れた効果を発揮します。「新しい習慣がある」という言葉を受身の心に何度も聞かせるのです。受身の心は初めは抵抗しますが、最後にその言葉を事実として受け入れ、新しい思考の習慣を自分のものとして採用します。自己暗示は、能動的な心が受身の心に対してする催眠療法です。この意味で、誰もが自らの催眠療法士になれるのです。

「念の吸収」は、自分をなるべく頻繁に受身の状態におくこと、新しい習慣の存在を強く心に印象づけること、自分が望む人になっている姿を心に描くことから成り立ちます。その思いをいつも保ち、昼夜を問わず、暇さえあれば望む習慣が身についていることをイメージします。これは、想像力に助けられた純然たる受身の心の働きであり、簡単に見えても効果は絶大です。これは人格を作り変える最も簡単で効果的な方法です。想像したことが比較的短時間で実現し、あなたはその思いで行動するようになります。理想的な人格形成法は自己暗示と念の吸収の結合によって得られるというのが私の持論です。

恐れる（不安な）習慣は悪習慣の最たるものです。恐れは他のどんな悪念よりも、人を不適応にさせ、惨めで弱い思考習慣の温床になります。

あなたが恐れの念の犠牲になっていると仮定しましょう。それを除くには四つの方法があります。最初に試すのが意志力です。「私は恐れない」、「恐怖よ去れ」

とあなたは、自分に言い聞かせます。これは勇敢な方法です。この方法については説明の余地はありません。それは誰もが知って、試していることです。

次に試すのが暗示の効果です。あなたはよい暗示療法家を選びます。彼はあなたを楽な姿勢にさせて、筋肉を緩め、神経を鎮め、精神を安定させ、注意を寄せて、勇気、希望、自信などの暗示を強く繰り返します。暗示療法のプロは、個々の事例をよく調べているので、暗示の文句を慎重に選び、古いのに差し替える新しい思考習慣の種子を植え付けます。

この方法は目覚ましい効果を発揮します。著者自身、この方法で、多くの人を思考の悪習慣から救ってきました。正しい思考の道へ踏み出させ、自信を持たせ、精神的成長の効果を確信させ、最後に、自己暗示と「思念吸収」の理論と実際を教えて、自立させています。

次に来るのが、「怖いものは何もない」、「自信がある」、「恐怖を一掃した」などの言葉を自分に言い聞かせる自己暗示の力です。自己暗示は、他人にかけるように真剣に行い、言葉通りに生きる必要があります。言葉を信じ切っていると印象づけることにより、受身の心もその言葉を真実と受け止めて、行動するようになります。信じ切り、真剣な態度で臨めば、はじめから改善の兆《きざ》しが見えてきます。

受身の心が不安になれば、「怖いものは何もない」の念を倍にして、邪魔を追放します。不安の念はなかなか去ろうとしないので、はじめは苛立《いらだ》ちを感じます。しかし、やがて野良犬のように、棒を持っていることに気づき、それを見ただけで逃げ出します。牙を剥く野良犬を見るように不安を見下して、心の棒で容赦なく打ち叩くなら、不安の念は尻尾を巻いて逃げ出し、棒に一目置くようになります。不安に悩まされるまで待ってはなりません。その気配を感じたら、すぐに、心の棒に手を伸ばすように自分を習慣づけましょう。

これで「念の吸収」を試す用意ができました。まず、あなたは暗示にかかりやすくなるために、心を受身の状態にします。受身になればなるほど、効果は高まります。心身ともに緩めて、完全な受身の状態にします。能動的な心を休めて受身の心だけにします。そこに「怖いものは何もない」等々の思いを、固く、静かに植え付け、自分が倫理的にも、肉体的にも勇敢に振舞い、心の棒で野良犬（不安）を追放している姿を思い描きます。

自分の望む思いに心を定めて、想像をふくらませます。ここで最も役立つのが集中の訓練です。「怖いものは何もない」という思いを常に保ち、自然にその役を演じるようにします。言葉通りの意味です。俳優のようにその役を演じるのです。その性質は次第に現実味を帯びてきて、やがて現実化し、あなた自身になります。

集中の訓練は不可欠ですが、それをするのは、「恐れ」の念を追い出す作業を始めてからです。まず、この作業にかかりましょう。心の棍棒《こんぼう》を削り、野良犬の前にかざすだけです。追い出すことに成功すれば、うるさい野良犬に邪魔されずに、レッスンを習得できます。

「念の吸収」訓練

①できる限り、外の景色や音を遮断した静かな場所を確保します。理想的な環境が確保できなければ、得られる最良の条件で満足します。外部の邪魔な印象を遮断し一人きりになれる場所が肝心。

②長椅子か、ベッドか、安楽椅子に寝て、完全にくつろぎます。すべての筋肉を緩め、すべての神経を楽にし、頭の天辺から爪先までを、くまなくゆったりさせます。ゆっくり深く息を吸い、しばらく止めてから、吐気します。落ち着いてくるまで、深呼吸を繰り返します。

③外の印象をすべて遮断して、すべての神経を内なるあなた自身に集めます。

④心身が十分リラックスしたなら、「恐れるものは何もない」という言葉に静かに思いを定め、蠟《ろう》が溶けていくように、その言葉の輪郭が心の底に沈むようにします。その言葉と一体になります。言葉の意味をとらえ、その性質を持つ人の特徴を思います。

⑤自分が望む性質を持っている姿を思い描き、夢を見ているときのように、心の中でその人になり切ります。彼女をものにしようと一生懸命になっている姿など、望む性質に満ち満ちている姿を思い描きます。簡単に言えば、望む性質の獲得をテーマとする素敵な夢に浸るのです。テーマに沿って想像をふくらませれば、夢の光景や出来事が自然に映じてきます。常に「私は在る」の強い思いで、夢を締めくくります。

⑥この訓練をなるべく頻繁に繰り返します。それは「雨だれが石を穿《うが》つ」ようなものです。繰り返される念は、根を張り、早く成長します。この訓練は、夜起きているときでもかまいませんが、就寝前にするとよいでしょう。眠気が覚めるどころか襲ってくるかもしれませんが、抵抗する必要はありません。あなたが眠りの中に携える思いは、睡眠中も活動し続けます。

ここで、「恐れるものは何もない」という語を使ったのは、説明のためです。自分の望む性質を言葉にして結構です。望まない性質を除きたければ、正反対の思いを言葉にします。怠け癖のある人は、「活動」や「活力」等の言葉を選ぶとよいでしょう。

部屋を明るくしようとして暗闇と戦う人はいません。窓を開けて光を入れれば闇は消えます。同じように、あなたは望ましくない思いと格闘するのではなく、その正反対のものに心を合わせるべきです。ポジティブな思いがネガティブな思いを打ち消してくれます。

結果がすぐに出なくても、落胆してはなりません。時が来れば、必ず実現すると信じましょう。必要なのは行を繰り返すことだけです。筋肉と同じように、心も訓練を繰り返すことで発達します。

あなたは自分の欠点を正す方法を今や手にしています。その恩恵に浴さないとすれば、求めていないからです。強い願いがあれば、行動するはずです。強い願いがなければ、私にも助けられません。この世の安楽と引き換えに、心の統制という輝かしい特権を失うのも自由です。人は自らの主人であり、望む通りの自分を作るのです。

第11章 集中法 The Art of Concentering

「集中」という言葉には、一般的な意味もあれば、奥義的な意味もあります。他の思いや印象をすべて遮断して、一つの思いにだけ精神を集中するというのが、一般的な考えです。肉体や低い自分についての思いをすべて締め出して、高い魂の領域にとどまり、真我（「我在り」）に一念集中するというのが奥義的な考えです。

日常生活で一番に役立つのが前者で、後者は真の自分を知り、静寂の秘密を究《きわ》めたい人に最も役立ちます。ここでは、集中の実用面に絞ってお話ししましょう。それが本書の目的です。

特定の思いや行動に集中するのは、誰にでもできる、最も優れた技のひとつです。「全力を傾けて一つのことをやり遂げる」、「一度に一つのことをする」など、集中の利点をうたう文句はしばしば聞かれます。

集中力を加えれば単純な作業がはかどることは誰でも知っています。仕事にどれだけ集中できるかで、働く人の質は決まります。自分の仕事に興味を持ち、日々の仕事に知的喜びを感じられる人は、最良の仕事のできる幸せな人です。時計の針ばかり気にして、時間が来たら仕事を放り出す人は、仕事に対する見方を変えない限り何も遂げられません。

仕事に興味を寄せ、心を注ぐ人は、自ら集中の訓練をしているのです。日々の暮らしに集中力を活かしている人は、邪魔になる印象を排除して、最高の念力を仕事に注ぐので、労働者であれ、建築士であれ、事務員であれ、販売員であれ、画家、詩人であれ、よりよい仕事をします。

達人と呼ばれる人は、誰でも集中力を開発しています。たとえ自覚していなくても、同じことをしているのです。逆に言えば、集中力を育てる人が達人になるのです。自ら試し、それが事実であることを確かめてごらんなさい。

何かに集中し、その思いを固く保てば、最善の仕事をせざるを得なくなります。最善の仕事をすれば、それに相応《ふさわ》しい報酬をもらえます。持って生まれた感覚を殺さず、自分が無力な存在だという信仰に洗脳されていなければの話ですが。

最善の仕事をすれば、あなたの仕事を活かせるマーケットが開けます。今の雇用主があなたを評価していないとすれば、同じような雇用主が大勢いることになります。それでも、あなたは仕事をしなければなりません。そのことを忘れないでください。ろくでもない仕事に大金を払う人はいません。しかし、あなたが最善の仕事をすれば、雇用主はあなたを手放しません。仕事に向かい、集中しさえすれば、最善の仕事ができるのです。あなたが仕事で成功できず、落胆しているなら、いかに集中すべきかを学ぶときです。

「資本家の圧迫」などとグチをこぼしている暇はありません。あなたが「集中できる」人間になりさえすれば、資本家の方からやって来て、あなたを引き立てます。つまらぬことを思い煩《わずら》わずに真剣に仕事をすることです。この本に差し出されている金銭的病の救済法を拒むならば、踏みつけにされる人生で終わったとしても、文句は言えません。

神の下でのんきに遊び暮らす死後世界を夢見て生きるような人もいますが、このような人はだまされているのです。宇宙は休まず動き、神は全力を尽くして、日々に働いています。天国に行けば「怠け禁止」の立て札に出くわすに違いありません。

仕事に興味を持てば恐怖心がなくなります。貧困と不幸せから自らを救う仕事にかかりましょう。今するのです。

集中できる人は、「ブルー」（倦怠感《けんたいかん》）を癒す確たる薬を手にしたも同然です。不快な念を遮断して、明るい念に集中するからです。「できない」と言わないでください。コツさえ飲み込めば、あなたにもできるのです。大勢の人が、この方法が倦怠感、落胆、不安、心配等の特効薬であることを発見しています。試してごらんなさい。まったく違った人生になります。

あなたは集中することにより、特定のものに注意と思いと力を寄せて、そこから最善の結果を得ます。太陽光は虫メガネを通して一点に集められれば、直射日光よりはるかに大きな熱を生じます。注意力も同じです。散らせばたいした結果は出せませんが、すべきことに集中させれば、驚異的なエネルギーが得られるのです。

集中する人は、注意と念力を一つに絞り、意識的、無意識的な働きのすべてを、目標達成に向けます。人は強烈に望むときのみ、求めるどんなものも得るのです。他のすべてが見えなくなるほどに、一つのことにエネルギーを集中させれば、集められた力は、結果を出さざるを得ません。

念力から最善の結果を得るには、集中の技を身につける必要があります。念は一点に絞ることによって力を増します。これまでの章に記されたエクササイズはすべて、集中法と併用すべきです。どの訓練も退屈に見えるでしょうが、辛抱強く完成させるべきです。集中力を意識的に高めることによって、結果も高まります。

訓練に入る前に、一つ申し上げたいことがあります。それは、精神的、肉体的な休息に集中力が使えるということです。

あなたが、心身の過労で疲れ切り、すぐに休息が必要だと仮定しましょう。横になると、心を覆っていた思いが戻ってきて、あなたを悩ませ、休むに休めません。どんな思いも決まった脳細胞を動かすからです。その間、他の細胞は休んでいます。

したがって、酷使されて疲れ切っている脳細胞を休ませる唯一の方法は、正反対の思いに集中することなのです。こうすれば、疲れて興奮している細胞を遮断できます。新しい思いに集中することにより、古い細胞は仕事を解かれ、ゆっくり休めます。古い細胞はそれでも仕事に戻ろうとするかもしれませんが、集中力を身につけていれば、それを支配できます。

試してごらんなさい。あなたは二度と精神的疲労に不平を鳴らさなくなります。

コートを着替えるように、好きなときに、思いを自由に転換できるようになるのです。

第12章

集中の実践

The Practice of Concentering

外の印象や音、光景を遮断することによって、散漫な心を制し、心身を完全にコントロールすることが、集中の第一条件です。体は心に、心は意志に、服従しなければなりません。意志の力は十分強いとはいえ、心は意志に支配され、強められる必要があります。意志の力に強められれば、心は強い念波を送る道具になり、その振動力も効果も高まります。

まずは体を心の指令に従わせる訓練から始めましょう。最初に修めるべきは筋肉を制する行です。一見簡単ですが、二、三度試せば、なかなか難しいことがわかるはずです。

①静座。これは簡単ではありません。はじめは、集中力を使って不随意に起こる体の動きを制しますが、少し行《ぎょう》を積めば、筋肉を動かさずに、十五分以上静座できるようになります。

椅子に座り、楽な姿勢を取ります。全身の筋肉を緩めて、五分間完全な静止状態を保ちます。楽にできるようになるまで訓練を繰り返し、時間を五分から十分に延ばします。十分できたら、時間を十五分に延ばします。この訓練では、十五分がほぼ限界です。訓練に疲れないようにします。一度に少しの訓練を、できるだけ繰り返すとよいでしょう。硬い姿勢にならないようにします。筋肉を緊張させず、完全にリラックスさせます。この訓練は酷使した体を十分休ませたいときに非常に役立ちます。いわば、理想的な休息療法です。ソファーやベッドに寝て行っても結構です。

②椅子に座り、背筋を伸ばし、顎《あご》を引き、胸を張ります。右腕を右に伸ばして、

肩の高さに持ってきて、静止させます。顔を右に向けて、一分間腕を静止して、手を見つめます。左手でも同じことを試します。これができたなら、時間を二分に延ばします。次に三分、四分、そして五分まで延ばします。掌《てのひら》は下向きにした方が楽です。指先を見つめることによって腕を静止状態に保てます。

③水を満たしたワイングラスを右手に取り、前に腕を伸ばします。目をグラスに固定し、腕が震えないようにします。この訓練を一分で始め、五分できるようになるまで、少しずつ時間を延ばします。左右の腕で交互に行います。

④日常生活で、楽な姿勢を取りたいときに、筋肉を緊張させないようにします。神経質な、緊張した態度ではなく、沈着冷静な態度を養います。正しい姿勢を心がけます。テーブルや椅子を鳴らさないようにします。これは自制心の欠落を意味します。人と話したり、座ったりしているときに、床を踏み鳴らしたり、足を前後に揺らしたり、椅子を前後に揺らさないようにします。読書や勉強す

るときに、爪や唇を噛んだり、舌舐《したな》めずりしないようにします。目をパチパチさせません。体のどんな部分も無駄に動かさないようにします。思いを一点に絞り、集中を実践することで、これが簡単にできるようになります。ドアをバタンと閉める音や、本をドサッと落とす音などに、驚かないようにします。要するに、自制を働かせるということです。

以上の訓練はあなたの目標達成を大いに助けます。これは不随意な運動を制し、体を随意機能の下に置く訓練です。次は体の動きを意志に従わせる訓練、いわばコントロールされた動きを作り出す精神力の訓練です。

①座って机に向かいます。両手を机の上で上向きにして、親指を他の四本の指の上に重ねて拳を作ります。しばらく拳を見つめてから、手をゆっくり広げます。それから、小指から次々に指を折っていき、再び拳に戻します。この動作を繰り返します。左手でも同じ動作を繰り返します。この訓練を一度に五回行い、

次に十回に増やします。

退屈ですが、大切な訓練ですから、やり抜きましょう。つまらない単調な運動に集中する訓練によって、筋肉の動き全体をコントロールできるようになります。効果はすぐに感じとれます。指の開閉にまんべんなく集中するのがポイントです。これをしないと効果が失われてしまいます。

②手持ち無沙汰のときにする親指を回す運動。手を組み、親指だけ自由にして、左右の親指を相互に回転させます。必ず親指の先端に強く集中するようにします。

③右手を膝の上に置き、人差し指だけ前に突き出して、他の指を固めます。人差し指を左右にゆっくり振り、その先端に集中します。

この運動は時間をいくら延ばしても構いませんし、工夫して一つ増やしていただいても結構です。簡単にできるちょっとした筋肉の動きにすること、動かしている部分に集中するのがコツです。注意力は強制を嫌い、自由になろうと必死に抵抗しますが、そのための訓練ですから、他の面白いことに注意を逸らさずに、最後までやり抜きます。学校の厳しい先生をあなた自身、教科書に飽きて外の景色を見たがる遊び好きな生徒を注意力と考えてください。生徒のためを思って、教科書に目を向けさせるのが、あなたの務めです。あなたはまもなく、筋肉の動き、姿勢、態度を上手にコントロールできるようになり、実生活で注意力と集中力が増しているのに気づくでしょう。これがあなたに非常に有利になるのです。

①自分と無関係なものに集中する訓練。鉛筆のようなつまらぬ物品を手に取り、五分間注意を集めます。鉛筆のすべてを熱心に見つめます。ひっくり返して、鉛筆について熟考します。使い道、材料、製造工程など、鉛筆のこと以外何も考えません。人生の目的が鉛筆の研究にあると想像します。世界にはあなたと

鉛筆以外存在しません。終始、鉛筆から注意を逸らさないようにします。この訓練をしていると、注意力がいかに反抗的であるかが実感できますが、好きにさせてはいけません。かなり退屈な作業ですが、注意力を向上させるためのものですから、やり抜いてください。

この訓練では、毎日物品を替えてかまいませんが、常に、身近にある退屈な品に注意を集めます。面白そうなものを選んではいけません。努力せずに集中できてしまうので、訓練にならなくなってしまいます。集中するのが面倒なものを選ぶ必要があります。退屈なものであればあるほど、それだけ集中する必要が出てきて、よい訓練になります。

この訓練の問題点は、集中すべきものがすぐになくなってしまうことです。退屈なものばかりに集中しているうちに、注意力はどんなものにも興味を持つようになります。しかし、この段階まで来れば、どんなものにも人にも集中できるようになるので、それ以上訓練する必要がほとんどなくなります。

あなたは集中力の利点を理解した今、これまでの章にまとめられた訓練を、より知的に応用できるようになります。前より上手に念をいだき、暗示と念波の送信に、もっと力を入れられるようになります。目の訓練、遠隔での意志伝達訓練などは、新しい形を取り始め、悪習慣を克服して、よい習慣に替えられるようになるでしょう。簡単に言えば、集中の技術を修めることによって、何事もうまく運ぶようになります。心身を確実にコントロールしているので、自分が習慣の奴隷ではなく、今や主人になっていることを知るでしょう。

自分を治める力は他を治める力に自然に現れます。自己を克服した人は、他人の心に楽に印象づけられるようになります。集中の行を続け、心を意志に従わせる力を強めた人は、この力を得ていない人と較べれば、巨人のような存在になります。

自己を支配していると確信できるまで、いろいろな方法で意志の力を試してください。それ以外のことに満足してはなりません。人は、自己を治めた時に、他を治められるようになるのです。

（了）

ウィリアム・W・アトキンソン

William Walker Atkinson

1862-1932。米国・シカゴの法律家でニューソート運動とヨーガ哲学の先駆者。
1894年ペンシルバニア州裁判所の弁護士となり、ニューソートとヨーガを基礎とする自己治療と自己実現の法則を体系化し、「引き寄せの法則」として発表。シカゴに移住後、「サジェスチョン」をはじめとするニューソート専門誌の編集に携わり、「アトキンソン・メンタルサイエンス研究所」を設立。ヨギ・ラーマチャラカ全集（全13巻）の共同執筆を含め100冊以上の実用哲学書を世に送り出す。彼の提唱した「引き寄せの法則」は、ウォレス・ワトルズ、チャールズ・ハアネル、ナポレオン・ヒルなど自己啓発分野の先駆者、アメリカバラ十字創始者ハーヴェイ・スペンサー・ルイス、日本初のヨーガ哲学者中村天風、合気道の開祖植芝盛平など、世界の哲学・思想界に多大な影響を与え、現在もロンダ・バーンの『ザ・シークレット』などの主要テーマとなって、全世界にその名を知られている。

林 陽

はやし よう　Yo Hayashi

千葉県生まれ。獨協大学外国語学部で英米文学を専攻。著書に『宝石の神秘力』『オーラで人生を変える』『死後の世界』『大預言』（中央アート出版）。訳書に『引き寄せの法則』（ベストセラーズ）、『チベット永遠の書』『契約の櫃』『引き寄せの法則　奥義篇』『引き寄せの法則　実効篇』『引き寄せの法則　オーラ篇』『ザ・ストレンジスト・シークレット』（徳間書店）、『奇蹟との対話』（学研）、『〈新訳〉バビロンの賢者に学ぶ錬金術』『信念の奇跡』（かんき出版）、『願望物質化の『超』法則』『［アトキンソン版］引き寄せの法則　最強のマネーメイキング』（ヒカルランド）など。

本書は、2008年7月徳間書店より刊行された『引き寄せの法則 実効篇』の新装版となります。

新装版『引き寄せの法則 実効篇』
人間磁気力《マグネティック・フィールド》の使い手になる！

第一刷 2017年2月28日

著者 ウィリアム・W・アトキンソン

訳者 林陽

発行人 石井健資

発行所 株式会社ヒカルランド
〒162-0821 東京都新宿区津久戸町3-11 TH1ビル6F
電話 03-6265-0852 ファックス 03-6265-0853
http://www.hikaruland.co.jp info@hikaruland.co.jp

振替 00180-8-496587

本文・カバー・製本 中央精版印刷株式会社

DTP 株式会社キャップス

編集担当 溝口立太

ISBN978-4-86471-443-3

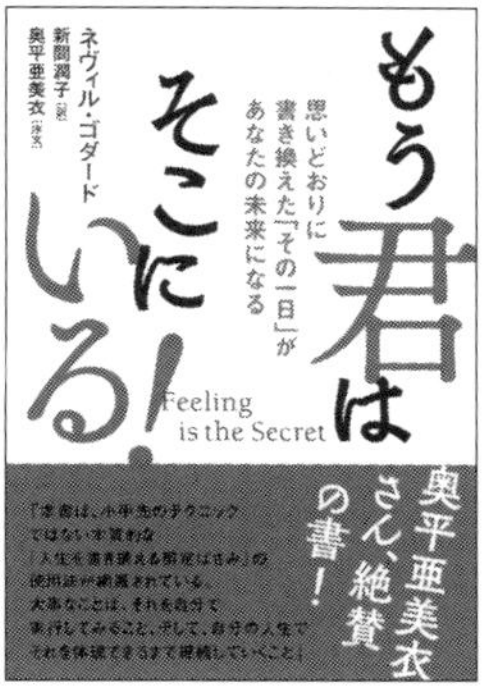

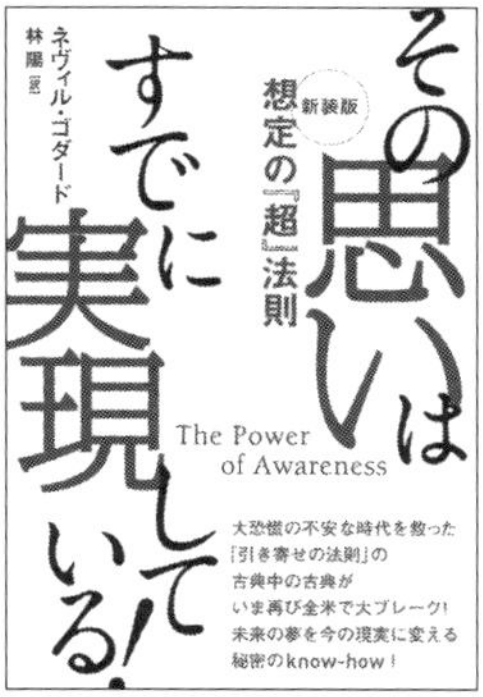

体験者の声

「ブレイン・セラピー」は、治療の現場でも驚異的効果を発揮！

神奈川県 美容鍼・
自律神経調整専門サロン
ブレア元町
上田隆勇 院長

ブレイン・セラピーは脳自体をリセットし、甲状腺機能を維持する力や免疫力をアップさせることができます。脳神経障害であるジストニアの患者さんで、歩行障害がある方に、ブレイン・セラピーと鍼治療を行ったところ、日常生活で転倒することが少なくなり、表情にも笑顔と自信が戻ってきました。散歩にも行かなかったのが、なんと旅行にまで行けるようになったのです。私自身も毎日使用し、仕事の効率が上がることを実感しています。

メガネのない生活を手に入れました！

東京都
坂本聡さん

私の仕事はセミナー業で、私が話しながら1番注意を払うことは、新しく参加されている方の目を見ることなんですね。しかし、私の視力は急激に低下していました。そんな時、ブレイン・パワー・トレーナーと出会い、最初は半信半疑だったのですが、30分1回のトレーニングで右0.2から0.7、左0.3から0.8と一気に上がったんです！車のライトや信号機、お店などのネオンがすごく明るくまぶしくなって感動しました。その後、たった5回のトレーニングで両目とも1.5まで上がり、今ではメガネのない生活を手に入れました。この器械はもう手放せません。

5年来の事故の後遺症だった頭の重苦しさが軽減！

<使用前>　<使用後>

兵庫県
KMさん 30代

←お父様のお写真。この写真を見て、ご本人が「10歳若返った！」と叫んでおられたそう。

父は5年ほど前に事故にあい、後遺症がなかなかとれませんでした。家族でブレイン・セラピーを体験すると、たった30分で父は見るからに顔色がよくなり表情も目も輝きはじめました。朝から重かった頭も軽くなったと、少しおどけて見せて、私はそんな姿を初めて見たのでビックリです。母は難聴や私のアトピーにも変化が見られ、家族みんなでブレイン・セラピーの効果を感じることができました。

専門家も推薦!!

医学博士やクリニックの院長など、医療の専門家もブレイン・パワー・トレーナーを推薦しています。

経路が脳にあるとする考え方からすれば、脳活性装置で脳が外からの刺激をもっとも受け入れやすいリラクゼーション状態の周波数で「太陽」又は「聴宮」を刺激誘導すれば、全身がリラクゼーションの状態になります。

ブレイン・パワー・トレーナーは、おだやかな低周波電気信号を繰り返す装置です。大変微弱な刺激であり、極めて安全性の高い健康器具であると考えます。本器具のご使用による副作用等の心配は全く考えられません。

国立筑波技術大学 名誉教授 医学博士
森山 朝正

干渉波電気刺激による体性感覚への刺激は、顔面の筋肉の収縮・弛緩を深層部から効率よく繰り返す事により、表情筋を支配している顔面神経を刺激し、副交感神経を優位に立たせストレスから解放させスから解放させます。またこの電気刺激は、目の周りの眼輪筋・内部の外眼筋・水晶体の厚みを調節する毛様体筋をも収縮・弛緩させる、動眼神経・滑車神経・視神経への刺激により、視力の調節機能の回復を、さらに眼球内部の血流量（毛細血管）の増加の臨床実験もあることで、視力向上の可能性への期待が持てます。

医学博士・薬学博士　**田口 茂**

脳の血流量が増えれば、脳の働きが活発になることがわかっています。学者の中には、脳の血流量を増やすことこそ、物忘れやうつの症状の予防・改善につながると断言する人もいるほどです。２千人以上に「ブレイン・パワー・トレーナー」を使ってもら使ってもらい、目の血流量を測定した所、すべての人の血流量が増えました。

葉山眼科クリニック 院長
葉山 隆一

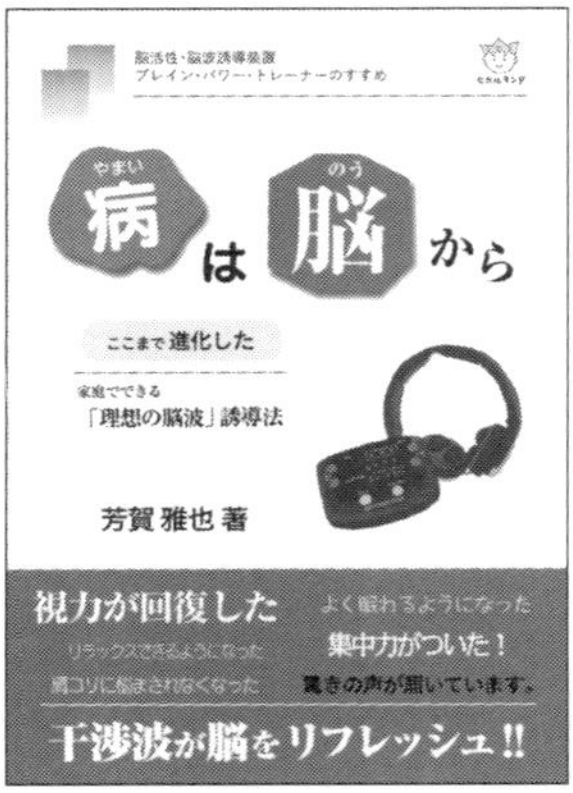

ブレイン・パワー・トレーナーのことが良く分かる小冊子「病は脳から」が出来上がりました。マンガやイラストを使ったわかりやすい内容となっています。

- ◉ 視力を良くしたい方
- ◉ メンタルを癒したい方
- ◉ 神経を癒したい方

購入ご希望の方は、
ヒカルランドパークまでご連絡ください。

定価 500円＋税

脳の血流をアップしてストレス解消や記憶力向上に！

BRAIN POWER TRAINER（ブレイン・パワー・トレーナー）

299,900円（税込）[本体・ヘッドホン付]

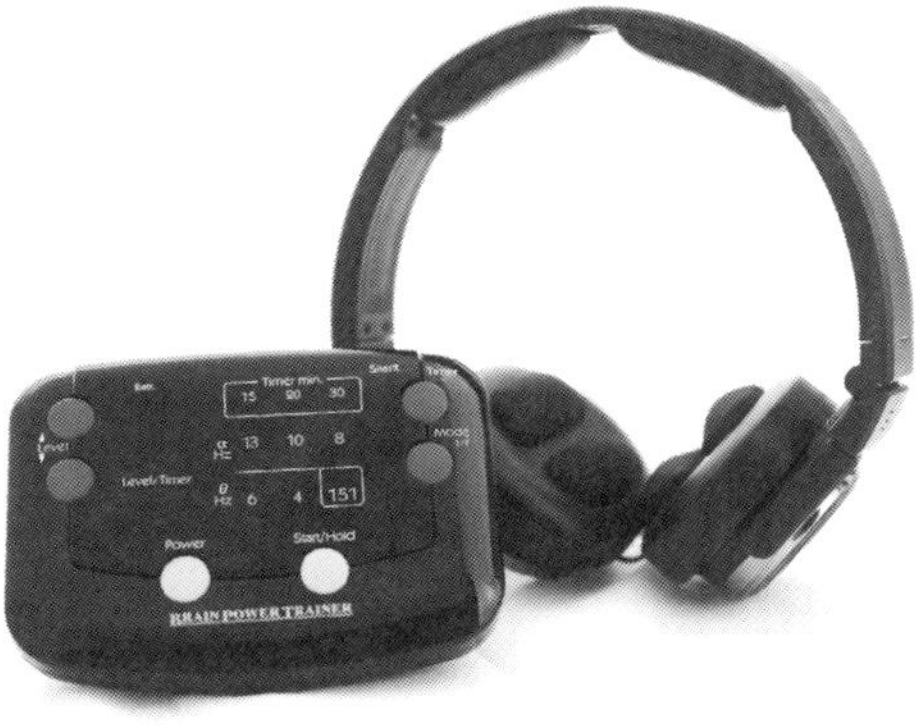

ブレイン・パワー・トレーナーは、脳への「干渉波」発生装置です。
高僧が長年修行を積んで到達できるようになる、アルファ波やシータ波へ素早く誘導してくれます。
干渉波は脳内伝達物質の増加や血流の増加を促し、脳のストレス解消、集中力や記憶力の向上、自律神経活性、免疫力の強化など、心身の健全化が期待できます。
こんな導入先も……
★防衛庁航空自衛隊で採用
★長嶋巨人軍の影の秘密兵器としてメディアが紹介

■ブレイン・パワー・トレーナーの機能

その１　アルファ波とシータ波を増幅させ超リラックス状態に

「ブレイン・セラピー」では、干渉波の電気信号により脳波をストレス脳波のベータ（β）波から、リラックス脳波のアルファ（α）波あるいは、ひらめき脳波のシータ（θ）波に大きく変化させます。

その２　13Hz、10Hz、８Hz、６Hz、４Hz、151Hzの６つの周波数で健脳に

２種類の異なる周波数の電流を組み合わせ、脳の深部で作用する干渉電流を生み出します。
13Hz－集中力や記憶力が増す。10Hz－ストレス解消に役立つ。
８Hz－変性意識（トランス状態など）に近い状態。
６Hz、４Hz－高僧などが瞑想で達する境地。ヒラメキがでやすい。
151Hz－目の疲れ、顎や肩のコリに効果的。（干渉波ではありません）

その３　眼球内部の筋肉が刺激されて視力が向上！

420名の方に、45～60分ブレイン・パワーの体験をして頂いた結果、視力向上した人数は、全体の97％もいたのだそう。

その４　「ｆ分の１のリズム」を搭載してリラックスしつつ集中状態に！

ｆ分の１ゆらぎ効果とは、身体を催眠状態にもっていきながら、同時に意識を目覚めさせ、リラックスと集中が両立している「変性意識」状態に導きます。

セット内容：本体・電極パーツ・電源コード
寸法：本体 幅185㎜×奥行き185㎜×高さ304㎜
電極パーツ：３ｍ　電源コード 1.8m
重量：本体 1.85㎏　電極パーツ 295ｇ
電源：AC100～240Ｖ　50／60Hz　　消費電力：40W

水素風呂リタライフ －Lita Life－ でお家のお風呂が変わります。

１．誰でも簡単に操作ができます。
２．30分で準備が完了します。
３．５分～10分で水素を吸収します。

日本人にとって入浴は毎日の習慣です。
そして入浴は、疲労回復や心身をリセット・リフレッシュさせます。
体温が上げることで血液循環もよくなります。
血液循環が良くなると栄養物質や酸素の供給、老廃物質の排泄促進につながります。

39～41℃程度のぬるま湯に浸かって、ゆっくりと体を温めると疲労回復が早まり、血液循環や新陳代謝の活性化の効果と共に傷ついた細胞の修復も期待できます。

そんなお風呂の中で「水素」を発生させることで、さらに皮膚から直接「水素」を体内にとり入れることとなり、お家のお風呂が、天然温泉のように優れた場所になるのではないでしょうか。

◉ 水素風呂 リタライフ －Lita Life－

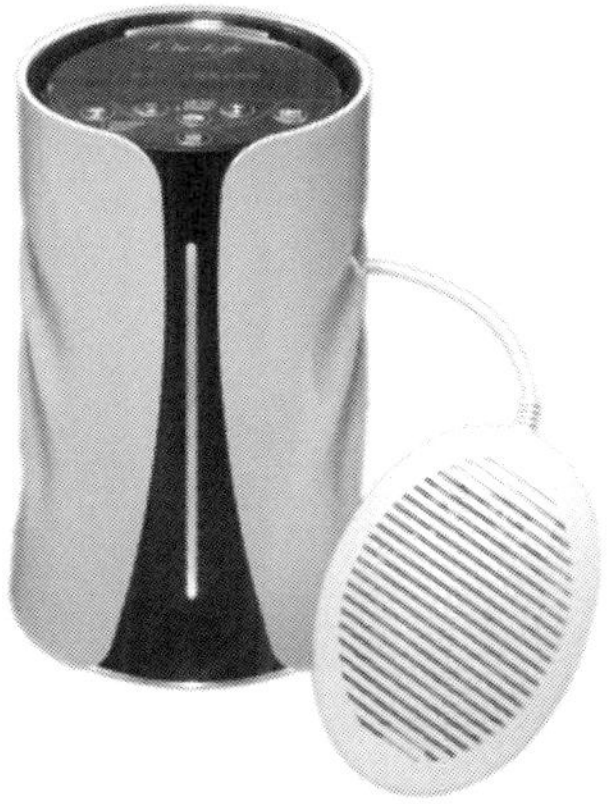

モニター価格として**月々3,500円(税別)**でレンタルいたします。(通常は5,000円税別)
最初の１ヶ月は無料です。

※モニター会員として効果について報告をお願いすることがあります。無料期間も含め４ヶ月以上レンタルしていただける方が対象です。

人間は老化という生理現象から逃れられません。
細胞の劣化が老化の原因ですが、劣化原因に活性酸素があることが周知のこととなってきました。
なかでもヒドロキシルラジカルは糖質やタンパク質、脂質などのあらゆる物質と反応し、最も酸化力の強い、いわゆる悪玉活性酸素に変化してしまいます。

近年「水素」の還元力が細胞の酸化防止に極めて高い効力を有することが明らかになってきました。

水素は、水素水などの飲料水からでも十分に体内に取り込めることが期待できますが、研究が進展することで、水素水を飲む以上に水素風呂で水素を取り込むほうが、効率よく取り込むことが出来るといわれています。

水素風呂には錠剤タイプもありますが、長期的に水素を取り込もうとすれば、コスト面、水素の質、手軽さなどを考慮して電解式の水素発生器が最も便宜性の高いものとなります。

ご家庭でお気軽にご使用頂けるように、低価格でレンタルサービスの出来る水素風呂リタライフをお薦めします。

水素水の生成にかかる費用は、機械のレンタル料のみ！ご家族みんなで使用しても同料金でお楽しみ頂けます。※要別途電気料金

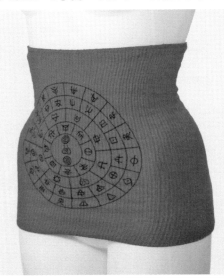

本といっしょに楽しむ ハピハピ♥ Goods&Life ヒカルランド

上品な香りを楽しんで

観音香
2,700円（税込）

貴重な老山白檀をふんだんに使った、上品な香りのお香です。煙が出ますので、人のオーラや、場や、物の浄化に適しています。贈り物にも重宝されています。

開発者の書籍
まありん著

リラックスしたい時などに

アマテラス香～瞑想用～
2,700円（税込）

没薬、乳香、安息香を配合した、煙の出ないお香です。灰は落ちずにそのまま固まりますので、手でつまんで捨てられます。煙が出ないので、どんな場所でもお使いいただけます。箱にパワーシールを印刷していますので、使い終わった後も捨てずに活用していただけます。場の結界を張る時や、深い呼吸でリラックスしたい時などにお勧めです。

ヒカルランド　好評既刊!

地上の星☆ヒカルランド　銀河より届く愛と叡智の宅配便

未来の"わたし"を思い出す
著者：びわっち、中田しのぶ（写真）
監修：TAIZO
四六ソフト　本体1,667円+税

電波妻
著者：TAIZO
四六ソフト　本体1,667円+税

自分を愛する教科書
8日間で人生が変わる奇跡のワーク
著者：河合政実
四六ソフト　本体1,667円+税

世界は自分で創る〈上〉
思考が現実化していく185日の全記録
著者：Happy
四六ソフト　本体1,620円+税